Marlon Possard (Hrsg.)

BiBuG 2014

(Bilanzbuchhaltungsgesetz 2014)

Gesetzesstand: 16.06.2025

3. Auflage

Bibliografische Information der Deutschen Nationalbibliothek: Die Deutsche Nationalbibliothek verzeichnet diese Publikation in der Deutschen Nationalbibliografie; detaillierte bibliografische Daten sind im Internet über http://dnb.dnb.de abrufbar.

© Stand: 16.06.2025 | 3. Auflage | Marlon Possard (Hrsg.)

Verlag: BoD · Books on Demand GmbH,
Überseering 33, 22297 Hamburg,
bod@bod.de

Druck: Libri Plureos GmbH,
Friedensallee 273, 22763 Hamburg

ISBN: 978-3-8192-1267-3

Wichtiger Hinweis zur Publikation: Im vorliegenden Buch finden sich ausschließlich österreichische Gesetzestexte, die für die breite Öffentlichkeit über das Rechtsinformationssystem (RIS) des Bundes abrufbar sind. Gemäß den Bestimmungen des österreichischen Urheberrechtsgesetzes unterliegen die in diesem Buch verwendeten Unterlagen der freien Werknutzung.

INHALT

Bundesgesetz über die Bilanzbuchhaltungsberufe

(Bilanzbuchhaltungsgesetz 2014 – BiBuG 2014)

StF: BGBl. I Nr. 191/2013
(NR: GP XXIV IA 2308/A AB 2392 S. 207. BR: AB 9033 S. 822.)

Änderungen:

- **BGBl. I Nr. 50/2016 idF BGBl. I Nr. 27/2019 (VFB)** (NR: GP XXV RV 1145 AB 1184 S. 134. BR: 9594 AB 9607 S. 855.)

- **BGBl. I Nr. 107/2017** (NR: GP XXV RV 1661 AB 1728 S. 190. BR: 9823 AB 9846 S. 870.) [CELEX-Nr.: 32014L0065, 32017L0593]

- **BGBl. I Nr. 135/2017** (NR: GP XXV RV 1668 AB 1758 S. 190. BR: 9829 AB 9872 S. 870.) [CELEX-Nr.: 32005L0036, 32006L0123, 32013L0055, 32015L0849]

- **BGBl. I Nr. 32/2018** (NR: GP XXVI RV 65 AB 97 S. 21. BR: 9947 AB 9956 S. 879.) [CELEX-Nr.: 32016L0680]

- **BGBl. I Nr. 46/2019** (NR: GP XXVI RV 508 AB 583 S. 70. BR: AB 10162. S. 892.)

- **BGBl. I Nr. 32/2020** (NR: GP XXVII IA 441/A AB 144 S. 27. BR: AB 10310 S. 906.)

- **BGBl. I Nr. 66/2020** (NR: GP XXVII RV 109 AB 279 S. 45. BR: AB 10379 S. 910.) [CELEX-Nr.: 32009L0138, 32013L0036, 32015L0849, 32018L0843]

- **BGBl. I Nr. 97/2020** (NR: GP XXVII IA 538/A AB 185 S. 32.)

- **BGBl. I Nr. 141/2020** (NR: GP XXVII IA 1113/A AB 592 S. 69. BR: AB 10513 S. 916.)

- **BGBl. I Nr. 138/2021** (NR: GP XXVII IA 1750/A AB 985 S. 117. BR: AB 10722 S. 928.)

- **BGBl. I Nr. 240/2021** (NR: GP XXVII IA 2092/A AB 1213 S. 135. BR: AB 10845 S. 936.)

- **BGBl. I Nr. 113/2022** (NR: GP XXVII IA 2648/A AB 1566 S. 167. BR: AB 11060 S. 943.)

- **BGBl. I Nr. 232/2022** (NR: GP XXVII IA 3011/A AB 1895 S. 189. BR: AB 11160 S. 949.)

- **BGBl. I Nr. 86/2024** (NR: GP XXVII IA 4070/A AB 2679 S. 270. BR: 11521 AB 11545 S. 969.)

- **BGBl. I Nr. 150/2024** (NR: GP XXVIII IA 3/A AB 7 S. 3. BR: AB 11609 S. 972.)

Vorwort

Die nunmehr dritte Auflage der Veröffentlichung des Bilanzbuchhaltungsgesetzes 2014 (BiBuG 2014) zur physischen Verwendung erscheint in einer Zeit, in der sich die Anforderungen an die berufliche Praxis und das rechtliche Verständnis in der Rechnungslegung, Buchhaltung und Bilanzierung abermals verschärft und erweitert haben. Die fortschreitende Digitalisierung (Stichwort: Künstliche Intelligenz), zunehmende internationale Verflechtungen sowie ein wachsender Anspruch an Transparenz und Compliance stellen Bilanzbuchhalter:innen, Buchhalter:innen und verwandte Berufsgruppen vor neue Herausforderungen. Gleichzeitig verdeutlichen diese Entwicklungen einmal mehr, wie wesentlich ein sicheres Fundament im geltenden Berufsrecht ist.

Seit der letzten Auflage hat sich sowohl in der Gesetzesauslegung als auch in der Anwendung des BiBuG 2014 einiges getan und punktuelle gesetzliche Änderungen machten eine Überarbeitung und Aktualisierung dieses Werkes erforderlich. Auch die berufspolitischen Diskussionen rund um Kompetenzerweiterungen und die Abgrenzung zu anderen Wirtschaftstreuhandberufen haben das BiBuG in seiner Relevanz noch einmal stärker in das Zentrum fachlicher Debatten gerückt.

Die Notwendigkeit, sich intensiv mit den gesetzlichen Rahmenbedingungen auseinanderzusetzen, ergibt sich nicht nur aus der Eigenverantwortung des Berufsstandes, sondern auch aus dem Vertrauen, das Auftraggeber:innen, Unternehmen und die Öffentlichkeit in die korrekte Erfüllung buchhalterischer Pflichten setzen. Mein Ziel als Herausgeber war es, mit dieser Neuauflage erneut eine fundierte Gesetzesausgabe zur Verfügung zu stellen, die der praktischen Verwendung dient. Möge auch diese Auflage dazu beitragen, die hohe Qualität und das Verantwortungsbewusstsein des Berufsstandes zu sichern und weiterzuentwickeln.

Wien, im Juni 2025

Marlon Possard

Der Nationalrat hat beschlossen:

1. Teil
Berufsrecht

1. Hauptstück
Bilanzbuchhaltungsberufe – Berechtigungsumfang

Bilanzbuchhaltungsberufe

§ 1. Bilanzbuchhaltungsberufe sind folgende Berufe:
1. Bilanzbuchhalter,
2. Buchhalter und
3. Personalverrechner.

Berechtigungsumfang – Bilanzbuchhalter

§ 2. (1) Den zur selbständigen Ausübung des Berufes Bilanzbuchhalter Berechtigten ist es vorbehalten, folgende Tätigkeiten auszuüben:
1. die pagatorische Buchhaltung (Geschäftsbuchhaltung) einschließlich der Lohnverrechnung und der Erstellung der Saldenlisten für Betriebe und der Einnahmen- und Ausgabenrechnung im Sinne des § 4 Abs. 3 des Einkommensteuergesetzes 1988, BGBl. Nr. 400/1988,
2. den Abschluss von Büchern (Erstellung von Bilanzen) nach Handelsrecht oder anderen gesetzlichen Vorschriften im Rahmen der durch § 221 Abs. 1 in Verbindung mit § 221 Abs. 4, 6 und 7 des Unternehmensgesetzbuches, dRGBl. S 219/1897 festgesetzten Merkmale,
3. die Beratung in Angelegenheiten der Arbeitnehmerveranlagung und die Abfassung und Übermittlung der Erklärung zur Arbeitnehmerveranlagung an die Abgabenbehörden des Bundes als Bote auch auf elektronischem Weg unter Ausschluss jeglicher Vertretung,
4. die Vertretung in Abgaben- und Abgabenstrafverfahren für Bundes-, Landes- und Gemeindeabgaben, ausgenommen die Vertretung vor den Abgabenbehörden des Bundes, den Verwaltungsgerichten und dem Verwaltungsgerichtshof, sowie die Vertretung in

Angelegenheiten des COVID-19-Förderungsprüfungsgesetzes (CFPG), BGBl. I Nr. 44/2020,

5. die Akteneinsicht auf elektronischem Wege gegenüber den Abgabenbehörden des Bundes, sowie das Stellen von Rückzahlungsanträgen,

6. die Vertretung einschließlich der Abgabe von Erklärungen in Angelegenheiten der Umsatzsteuervoranmeldungen und der Zusammenfassenden Meldungen, die Vertretung einschließlich der Registrierung, der Beendigung und der Abgabe von Erklärungen in Angelegenheiten der Sonderregelungen in § 25a, § 25b und Art. 25a UStG 1994 (unbeschadet des § 25b Abs. 1 Z 2 bzw. des § 27 Abs. 8 UStG 1994), sowie die Erklärung zur Verwendung von Gutschriften (§ 214 der Bundesabgabenordnung, BGBl. Nr. 194/1961),

7. die Vertretung einschließlich der Abgabe von Erklärungen in Angelegenheiten der Lohnverrechnung und der lohnabhängigen Abgaben, sowie die Vertretung im Rahmen der gemeinsamen Prüfung aller lohnabhängigen Abgaben, jedoch nicht die Vertretung im Rechtsmittelverfahren und

(Anm.: Z 7a mit Ablauf des 31.8.2021 außer Kraft getreten)

8. die kalkulatorische Buchhaltung (Kalkulation).

(2) Die zur selbständigen Ausübung des Berufes Bilanzbuchhalter Berechtigten sind weiters berechtigt, folgende Tätigkeiten auszuüben:

1. sämtliche Beratungsleistungen im Zusammenhang ihres Berechtigungsumfanges gemäß Abs. 1,

2. die Beratung in Beitrags-, Versicherungs- und Leistungsangelegenheiten der Sozialversicherungen,

3. die Beratung und Vertretung vor gesetzlich anerkannten Kirchen und Religionsgemeinschaften in Beitragsangelegenheiten,

4. die Vertretung bei den Einrichtungen des Arbeitsmarktservice, der Berufsorganisationen, der Landesfremdenverkehrsverbände und bei anderen in Wirtschaftsangelegenheiten zuständigen Behörden und Ämtern, soweit diese mit den für den gleichen

Auftraggeber durchzuführenden Tätigkeiten gemäß Abs. 1 unmittelbar zusammenhängen,

5. die Vertretung in Angelegenheiten der Kammerumlagen gegenüber den gesetzlichen Interessenvertretungen,

6. sämtliche Tätigkeiten gemäß § 32 der Gewerbeordnung 1994, BGBl. Nr. 194,

7. die Vertretung in allen Angelegenheiten der An- und Abmeldung von Registrierkassen,

8. die Beratung und Vertretung in Angelegenheiten des Registers der wirtschaftlichen Eigentümer einschließlich der Meldung des wirtschaftlichen Eigentümers auf der Basis der Angaben ihrer Mandanten und der Feststellung und Überprüfung des wirtschaftlichen Eigentümers im Auftrag ihrer Mandanten und

9. die Tätigkeit als Mediator, wenn sie in die Liste der Mediatoren nach dem Zivilrechts-Mediations-Gesetz (ZivMediatG), BGBl. I Nr. 29/2003, eingetragen sind.

Berechtigungsumfang – Buchhalter

§ 3. (1) Den zur selbständigen Ausübung des Berufes Buchhalter Berechtigten ist es unbeschadet der Rechte der Bilanzbuchhalter vorbehalten, folgende Tätigkeiten auszuüben:

1. die pagatorische Buchhaltung (Geschäftsbuchhaltung) einschließlich der Erstellung der Saldenlisten für Betriebe und der Einnahmen- und Ausgabenrechnung im Sinne des § 4 Abs. 3 des Einkommensteuergesetzes 1988, BGBl. Nr. 400/1988 und

2. die kalkulatorische Buchhaltung (Kalkulation).

(2) Die zur selbständigen Ausübung des Berufes Buchhalter Berechtigten sind weiters berechtigt, folgende Tätigkeiten auszuüben:

1. sämtliche Beratungsleistungen im Zusammenhang ihres Berechtigungsumfanges gemäß Abs. 1,

2. sämtliche Tätigkeiten gemäß § 32 der Gewerbeordnung 1994, BGBl. Nr. 194,

3. die Vertretung einschließlich der Abgabe von Erklärungen in Angelegenheiten der

Umsatzsteuervoranmeldungen und der Zusammenfassenden Meldungen, die Vertretung einschließlich der Registrierung, der Beendigung und der Abgabe von Erklärungen in Angelegenheiten der Sonderregelungen in § 25a, § 25b und Art. 25a UStG 1994 (unbeschadet des § 25b Abs. 1 Z 2 bzw. des § 27 Abs. 8 UStG 1994) und zur Akteneinsicht auf elektronischem Wege,

4. die Vertretung in allen Angelegenheiten der An- und Abmeldung von Registrierkassen und

5. die Beratung und Vertretung in Angelegenheiten des Registers der wirtschaftlichen Eigentümer einschließlich der Meldung des wirtschaftlichen Eigentümers auf der Basis der Angaben ihrer Mandanten und der Feststellung und Überprüfung des wirtschaftlichen Eigentümers im Auftrag ihrer Mandanten.

Berechtigungsumfang – Personalverrechner

§ 4. (1) Den zur selbständigen Ausübung des Berufes Personalverrechner Berechtigten ist es unbeschadet der Rechte der Bilanzbuchhalter vorbehalten, folgende Tätigkeiten auszuüben:

1. die Lohnverrechnung,

2. die Vertretung einschließlich der Abgabe von Erklärungen in Angelegenheiten der Lohnverrechnung und der lohnabhängigen Abgaben, jedoch nicht die Vertretung im Rahmen der gemeinsamen Prüfung aller lohnabhängigen Abgaben und nicht die Vertretung im Rechtsmittelverfahren und

3. die Beratung in Angelegenheiten der Arbeitnehmerveranlagung und die Abfassung und Übermittlung der Erklärung zur Arbeitnehmerveranlagung an die Abgabenbehörden des Bundes als Bote auch auf elektronischem Weg unter Ausschluss jeglicher Vertretung.

(2) Die zur selbständigen Ausübung des Berufes Personalverrechner Berechtigten sind weiters berechtigt, folgende Tätigkeiten auszuüben:

1. sämtliche Beratungsleistungen im Zusammenhang ihres Berechtigungsumfanges gemäß Abs. 1,

2. sämtliche Tätigkeiten gemäß § 32 der Gewerbeordnung 1994, BGBl. Nr. 194 und

3. die Beratung und Vertretung in Angelegenheiten des Registers der wirtschaftlichen Eigentümer einschließlich der Meldung des wirtschaftlichen Eigentümers auf der Basis der Angaben ihrer Mandanten und der Feststellung und Überprüfung des wirtschaftlichen Eigentümers im Auftrag ihrer Mandanten.

Berechtigungsumfang – Sonstiges

§ 5. (1) Durch dieses Bundesgesetz werden die Befugnisse nicht berührt:

1. der Rechtsanwälte,
2. der Patentanwälte,
3. der Notare,
4. der Steuerberater,
5. der Wirtschaftsprüfer,
6. der Behörden und der Körperschaften des öffentlichen Rechts, soweit sie im Rahmen ihres Aufgabenbereiches Hilfe oder Beistand in Steuersachen leisten,
7. der Revisionsverbände der Erwerbs- und Wirtschaftsgenossenschaften und der Prüfungsstelle des Sparkassen-Prüfungsverbandes hinsichtlich der ihnen zugewiesenen Prüfungs- und Beratungsaufgaben,
8. der Gewerbetreibenden,
9. der Ziviltechniker und
10. der gesetzlichen Berufsvertretungen, ihren Mitgliedern Hilfe und Beistand auf dem Gebiet des verwaltungsbehördlichen Finanzstrafverfahrens zu leisten.

(2) Das Recht der Gerichte und Verwaltungsbehörden, zur Erstattung von Gutachten ständig oder im Einzelfall für das Buch- und Rechnungsfach beeidete Sachverständige oder Inventurkommissäre heranzuziehen, die nicht Berufsberechtigte im Sinne dieses Bundesgesetzes sind, bleibt unberührt, doch erlangen diese Personen durch eine solche Heranziehung keine Befugnis, eine wirtschaftstreuhänderische Tätigkeit oder eine Tätigkeit im Sinne dieses Bundesgesetzes im Auftrag anderer Auftraggeber durchzuführen.

Öffentliche Bestellung – Anerkennung

§ 6. (1) Bilanzbuchhaltungsberufe dürfen selbständig durch Berufsberechtigte, das sind entweder natürliche Personen oder Gesellschaften, ausgeübt werden.

(2) Eine natürliche Person ist berufsberechtigt und somit zur selbständigen Ausübung eines Bilanzbuchhaltungsberufes berechtigt, nachdem sie durch die Behörde öffentlich bestellt wurde.

(3) Eine Gesellschaft ist berufsberechtigt und somit zur selbständigen Ausübung eines Bilanzbuchhaltungsberufes berechtigt, nachdem sie durch die Behörde anerkannt wurde.

2. Hauptstück
Natürliche Personen
1. Abschnitt
Allgemeines

Voraussetzungen

§ 7. (1) Allgemeine Voraussetzungen für die öffentliche Bestellung sind:

1. die volle Handlungsfähigkeit,
2. die besondere Vertrauenswürdigkeit,
3. geordnete wirtschaftliche Verhältnisse,
4. eine aufrechte Vermögensschaden-Haftpflichtversicherung und
5. ein Berufssitz.

(2) Weitere Voraussetzung für die öffentliche Bestellung als

1. Bilanzbuchhalter ist die erfolgreich abgelegte Fachprüfung für Bilanzbuchhalter und die Ausübung einer mindestens dreijährigen beruflichen fachlichen Tätigkeit im Rechnungswesen,
2. Buchhalter ist die erfolgreich abgelegte Fachprüfung für Buchhalter und die Ausübung einer mindestens eineinhalbjährigen beruflichen fachlichen Tätigkeit im Rechnungswesen und
3. Personalverrechner ist die erfolgreich abgelegte Fachprüfung für Personalverrechner und die Ausübung

einer mindestens eineinhalbjährigen beruflichen fachlichen Tätigkeit im Rechnungswesen.

(3) Die Voraussetzung einer erfolgreich abgelegten Fachprüfung gemäß Abs. 2 liegt nicht vor, wenn die Fachprüfung im Zeitpunkt der Antragstellung mehr als sieben Jahre zurückliegt, ausgenommen der Antragsteller weist nach, dass er seit Ablegung der Prüfung überwiegend beruflich fachlich tätig war.

(4) Unter beruflichen fachlichen Tätigkeiten gemäß Abs. 2 sind Tätigkeiten zu verstehen, die geeignet sind, die Erfahrungen und Kenntnisse zu vermitteln, die zur selbständigen Ausübung des Berufes Bilanzbuchhalter, Buchhalter oder Personalverrechner erforderlich sind. Tätigkeiten, die die bei Bilanzbuchhaltungsberufen festgesetzte Arbeitszeit nicht erreichen, sind nur verhältnismäßig anzurechnen.

Besondere Vertrauenswürdigkeit

§ 8. Die besondere Vertrauenswürdigkeit liegt dann nicht vor, wenn der Berufswerber rechtskräftig verurteilt oder bestraft worden ist

1. a) von einem Gericht wegen einer mit Vorsatz begangenen strafbaren Handlung zu einer mehr als dreimonatigen Freiheitsstrafe oder einer Geldstrafe von mehr als 180 Tagessätzen oder

   b) von einem Gericht wegen einer mit Bereicherungsvorsatz begangenen strafbaren Handlung oder

   c) von einem Gericht wegen eines Finanzvergehens oder

   d) von einer Finanzstrafbehörde wegen eines vorsätzlichen Finanzvergehens mit Ausnahme einer Finanzordnungswidrigkeit und

2. diese Verurteilung oder Bestrafung noch nicht getilgt ist oder solange die Beschränkung der Auskunft gemäß § 6 Abs. 2 oder Abs. 3 des Tilgungsgesetzes 1972, BGBl. Nr. 68, noch nicht eingetreten ist.

Geordnete wirtschaftliche Verhältnisse

§ 9. Geordnete wirtschaftliche Verhältnisse liegen dann nicht vor, wenn

1. über das Vermögen des Berufswerbers ein Insolvenzverfahren anhängig ist und der Zeitraum der Einsichtgewährung in die Insolvenzdatei nicht abgelaufen ist, sofern dieses nicht durch Bestätigung eines Sanierungs- oder eines Zahlungsplanes aufgehoben worden ist, oder
2. über das Vermögen des Berufswerbers innerhalb der letzten zehn Jahre zweimal rechtskräftig ein Sanierungsverfahren eröffnet worden ist und mittlerweile nicht sämtliche diesem Verfahren zugrunde liegenden Verbindlichkeiten nachgelassen oder beglichen worden sind oder
3. gegen den Berufswerber ein Insolvenzverfahren mangels kostendeckenden Vermögens nicht eröffnet oder aufgehoben worden ist und die Überschuldung nicht beseitigt wurde und der Zeitraum der Einsichtgewährung in die Insolvenzdatei nicht abgelaufen ist.

Vermögensschaden-Haftpflichtversicherung

§ 10. (1) Bilanzbuchhalter, Buchhalter und Personalverrechner sind verpflichtet, für Schäden aus ihrer Tätigkeit eine Vermögensschaden-Haftpflichtversicherung bei einem zum Betrieb nach den Bestimmungen des Versicherungsaufsichtsgesetzes 2016, BGBl. I Nr. 34/2015, berechtigten Versicherer abzuschließen und für die gesamte Dauer des Bestehens ihrer Berufsberechtigung aufrechtzuerhalten.

(2) Die Versicherungspflicht gilt nicht für Tätigkeiten, wenn und insoweit für diese Tätigkeiten ein anderer Berufsberechtigter mit einer Vermögensschaden-Haftpflichtversicherung dem betreffenden Klienten gegenüber kraft gesetzlicher Schadenersatzbestimmung haftet und in dieser Versicherung die Haftung der betreffenden schadenstiftenden Person oder Gesellschaft für denselben Versicherungsfall mitgedeckt ist.

(3) Die Versicherungssumme dieser Versicherung darf nicht geringer sein als 72 673 Euro für jeden einzelnen

Versicherungsfall. Bei Vereinbarung einer betragsmäßigen Obergrenze für alle Versicherungsfälle eines Jahres und für allenfalls vereinbarte Selbstbehalte gilt § 158c des Versicherungsvertragsgesetzes 1958, BGBl. Nr. 2/1959.

(4) Ist der Versicherungspflichtige Versicherter in einer Versicherung für fremde Rechnung, wird nur dann der Versicherungspflicht entsprochen, wenn nur er über die seinen Versicherungsschutz betreffenden Rechte aus dem Versicherungsvertrag verfügen kann und ihm für jeden Versicherungsfall zumindest die gesetzliche Mindestversicherungssumme zur Verfügung steht. Deckungsausschlussgründe, die nicht in seiner Person gelegen sind, können in diesem Fall nicht eingewendet werden.

(5) Die Versicherer sind verpflichtet, der Behörde unaufgefordert und umgehend jeden Umstand zu melden, der eine Beendigung oder Einschränkung des Versicherungsschutzes oder eine Abweichung von der ursprünglichen Versicherungsbestätigung bedeutet oder bedeuten kann, und auf Verlangen der Behörde über solche Umstände Auskunft zu erteilen.

Berufssitz

§ 11. (1) Berufsberechtigte sind verpflichtet, einen in einem EU- oder EWR-Mitgliedstaat gelegenen Berufssitz zu haben.

(2) Unter einem Berufssitz ist bei einem selbständig tätigen Berufsberechtigten eine feste Einrichtung zu verstehen, welche durch ihre personelle, sachliche und funktionelle Ausstattung die Erfüllung der an einen Berufsberechtigten gestellten fachlichen Anforderungen gewährleistet.

(Anm.: Abs. 3 aufgehoben durch Z 7, BGBl. I Nr. 135/2017)

2. Abschnitt
Fachprüfungen

Organisation und Verfahren bei Prüfungen

§ 12. (1) Die Fachprüfungen sind von den Meisterprüfungsstellen durchzuführen.

(2) Soweit dieses Bundesgesetz nichts Anderes bestimmt, sind die Bestimmungen der §§ 350 bis 352 der Gewerbeordnung 1994, BGBl. Nr. 194, betreffend die Organisation und das Verfahren sinngemäß anzuwenden.

Prüfungsbefreiungen-Anerkennungen-Fachbeirat

§ 13. (1) Personen, die die Ablegung einzelner Gegenstände des schriftlichen Prüfungsteils einer Fachprüfung inhaltlich vergleichbaren Prüfung nachweisen können, sind von der Ablegung dieser Gegenstände im Rahmen des schriftlichen Teils der Fachprüfung befreit. Die Behörde hat darüber mit Bescheid abzusprechen.

(2) Personen, die bereits über eine Berechtigung als Buchhalter oder Personalverrechner verfügen, sind von jenen Gegenständen der Fachprüfung Bilanzbuchhalter befreit, die sie bereits aufgrund ihrer Befugnis ausüben dürfen. Die Behörde hat im Rahmen der Prüfungsordnung festzulegen, welche Gegenstände inhaltlich als gleichwertig anzusehen sind.

(3) Bei der Behörde ist ein Fachbeirat einzurichten. Der Fachbeirat hat aus mindestens drei Mitgliedern zu bestehen. Die Mitglieder des Fachbeirates sind vom Präsidenten der Wirtschaftskammer Österreich für die Dauer von fünf Jahren zu bestellen. Die Mitglieder des Fachbeirates haben über praktische Erfahrung oder theoretische Kenntnisse auf dem Gebiet der Bilanzbuchhaltung, Buchhaltung oder Personalverrechnung zu verfügen. Der Fachbeirat hat seine Entscheidungen mit einfacher Mehrheit zu treffen, wobei bei Stimmengleichstand die Stimme des Vorsitzenden entscheidet. Der Präsident der Wirtschaftskammer Österreich hat für die Geschäftsführung im Fachbeirat eine Geschäftsordnung zu erlassen.

(4) Die Behörde hat vor einer Entscheidung gemäß Abs. 1 und bei der Beurteilung über das Vorliegen einer

gleichwertigen Berufsqualifikation gemäß § 72 Abs. 2. Z 5 und 6 eine Stellungnahme des Fachbeirates einholen.

3. Abschnitt
Prüfungen – Bilanzbuchhalter

Fachprüfung – Bilanzbuchhalter

§ 14. Die Fachprüfung für Bilanzbuchhalter besteht aus
1. dem schriftlichen Prüfungsteil gemäß § 15 und
2. dem mündlichen Prüfungsteil gemäß § 16.

Schriftlicher Prüfungsteil

§ 15. (1) Der schriftliche Prüfungsteil hat die Ausarbeitung von zwei Klausurarbeiten zu umfassen.

(2) Eine der Klausurarbeiten hat die Ausarbeitung einer Prüfungsarbeit durch selbständige Anwendung geeigneter Techniken aus nachstehenden Gegenständen zu umfassen:

1. Einnahmen- und Ausgabenrechnung, doppelte Buchhaltung, insbesondere Verbuchung sämtlicher Steuern, Verbuchung von Wareneinkauf und Warenverkauf, Ermittlung und Verbuchung von Wareneinsatz, Materialeinsatz und Bestandsveränderungen, Retourwaren, Rabatte und Skonti,

2. Verbuchung des Zahlungsverkehrs, insbesondere Rechnungsausgleich, Anzahlungen, Teilzahlungen, diverse Instrumente des Zahlungsverkehrs, Factoring, Personenkonten, Lohn- und Gehaltsverbuchung, Verbuchung verschiedener Aufwendungen wie Reisekosten, Werbung und Repräsentation,

3. Zu- und Abgänge im Anlagevermögen, Aktivierungspflichten, selbsterstellte Anlagen, Regelungen für Kraftfahrzeuge, Fremdwährungsverbuchung, Kreditverluste, Gewährleistung und Schadenersatz, Vertragsstrafen, Rechnungsabgrenzungen, Filialbuchhaltung, Kommissionsgeschäfte, Handelsvertretung, Verbuchung von Aufnahme und Tilgung langfristigen Kapitals, Leasinggeschäfte, Verbuchung von Privatentnahmen und -einlagen,

4. buchhalterische Bedeutung der Themenkreise bürgerliches Recht, Unternehmensgesetzbuch insbesondere Rechnungslegungsvorschriften, Steuerrecht, Zahlungs- und Kapitalverkehr,

5. Anfertigung eines Jahresabschlusses mit vollständiger und sachgerechter Ermittlung der einzelnen Bilanzansätze unter Berücksichtigung der verschiedenen Unternehmensformen und

6. moderne Kosten- und Leistungsrechnung, insbesondere Zielkostenrechnung und direct costing.

(3) Die Prüfungsfragen der Klausurarbeit gemäß Abs. 2 sind so zu stellen, dass diese vom Bewerber in fünf Stunden ausgearbeitet werden können. Die Klausurarbeit ist nach sechs Stunden zu beenden.

(4) Eine der Klausurarbeiten hat die Ausarbeitung einer Prüfungsarbeit durch selbständige Anwendung geeigneter Techniken aus dem einheitlichen Gegenstand des schriftlichen Prüfungsteils der Fachprüfung Personalverrechnung nach § 21 zu umfassen.

(5) Die Prüfungsfragen der Klausurarbeit gemäß Abs. 4 sind so zu stellen, dass diese vom Bewerber in zwei Stunden ausgearbeitet werden können. Die Klausurarbeit ist nach drei Stunden zu beenden.

(6) Der schriftliche Prüfungsteil kann teilweise oder zur Gänze unter Verwendung von informationstechnischen Werkzeugen sowie auch im Rahmen eines Multiple-Choice-Prüfungsverfahrens durchgeführt werden. Die Ermittlung des Prüfungsergebnisses kann hierbei automationsunterstützt erfolgen. Der Einsatz der Prüfungskommission im Sinne des § 351 der Gewerbeordnung 1994, BGBl. Nr. 194, ist nicht erforderlich.

Mündlicher Prüfungsteil

§ 16. Der mündliche Prüfungsteil hat die Beantwortung von Prüfungsfragen aus folgenden Gegenständen zu umfassen:

1. Berufsrecht,

2. Buchhaltung, insbesondere Funktionsweise der Einnahmen- und Ausgabenrechnung, Funktionsweise der doppelten Buchhaltung, formaler Abschluss, Organisationsformen der doppelten Buchhaltung, Belegwesen, Journal, Hauptbuch, Nebenbuchhaltung,

unternehmens- und steuerrechtliche Buchführungs- und Aufzeichnungspflichten, formelle und materielle Mindestanforderungen, abhängig von der Form der Buchhaltung, formelle und materielle Ordnungsmäßigkeit der Buchführung, Inventurverfahren, Kontenrahmenprinzipien und -systeme,

3. bürgerliches Recht und Unternehmensrecht, insbesondere Vertragsrecht, Sachenrecht, Grundzüge des Unternehmensrechts und Grundkenntnisse der einschlägigen arbeits- und sozialrechtlichen Vorschriften, soweit für die Bilanzbuchhaltung erforderlich,

4. Steuerrecht, insbesondere Grundzüge der Bundesabgabenordnung, Umsatzsteuer und Grundbegriffe des Einkommensteuer- und Körperschaftssteuerrechts unter besonderer Berücksichtigung der steuerlichen Gewinnermittlung,

5. Zahlungs- und Kapitalverkehr, insbesondere die Durchführung des Zahlungsverkehrs, diverse Instrumente des Zahlungsverkehrs und Kaufvertrags- und Versicherungsklauseln und ihre Auswirkung im Zahlungsverkehr,

6. Begriffe und Arten von Jahresabschlüssen nach dem Unternehmensgesetzbuch (insbesondere Rechnungslegungsbestimmungen) und Steuerrecht, gesetzliche Vorschriften über den Jahresabschluss nach dem Unternehmensgesetzbuch, Grundsätze ordnungsgemäßer Bilanzierung, Gliederung von Jahresabschlüssen (inklusive Gewinn- und Verlustrechnung) und Fristen zur Erstellung von Jahresabschlüssen,

7. Grundlagen und Anwendungen der Informationstechnologie im Rechnungswesen, insbesondere EDV und FinanzOnline,

8. Personalverrechnung,

9. Kostenrechnung, insbesondere Kostenrechnungstheorie und traditionelle Kostenrechnung und

10. Unternehmensführung, insbesondere für Klein- und Mittelbetriebe.

4. Abschnitt
Prüfungen – Buchhalter

Fachprüfung – Buchhalter

§ 17. Die Fachprüfung für Buchhalter besteht aus
1. dem schriftlichen Prüfungsteil gemäß § 18 und
2. dem mündlichen Prüfungsteil gemäß § 19.

Schriftlicher Prüfungsteil

§ 18. (1) Der schriftliche Prüfungsteil hat die Ausarbeitung einer Klausurarbeit zu umfassen.

(2) Die Klausurarbeit hat die Ausarbeitung einer Prüfungsarbeit durch selbständige Anwendung geeigneter Techniken aus nachstehenden Gegenständen zu umfassen:

1. Einnahmen- und Ausgabenrechnung, doppelte Buchhaltung, insbesondere Verbuchung sämtlicher Steuern, Verbuchung von Wareneinkauf und Warenverkauf, Ermittlung und Verbuchung von Wareneinsatz, Materialeinsatz und Bestandsveränderungen, Retourwaren, Rabatte und Skonti,
2. Verbuchung des Zahlungsverkehrs, insbesondere Rechnungsausgleich, Anzahlungen, Teilzahlungen, diverse Instrumente des Zahlungsverkehrs, Factoring, Personenkonten, Lohn- und Gehaltsverbuchung, Verbuchung verschiedener Aufwendungen wie Reisekosten, Werbung und Repräsentation,
3. Zu- und Abgänge im Anlagevermögen, Aktivierungspflichten, selbsterstellte Anlagen, Regelungen für Kraftfahrzeuge, Fremdwährungsverbuchung, Kreditverluste, Gewährleistung und Schadenersatz, Vertragsstrafen, Rechnungsabgrenzungen, Filialbuchhaltung, Kommissionsgeschäfte, Handelsvertretung, Verbuchung von Aufnahme und Tilgung langfristigen Kapitals, Leasinggeschäfte, Verbuchung von Privatentnahmen und -einlagen,
4. buchhalterische Bedeutung der Themenkreise bürgerliches Recht, Unternehmensgesetzbuch insbesondere Rechnungslegungsvorschriften, Steuerrecht, Zahlungs- und Kapitalverkehr,

5. moderne Kosten- und Leistungsrechnung, insbesondere Zielkostenrechnung und direct costing.

(3) Die Prüfungsfragen der Klausurarbeit sind so zu stellen, dass diese vom Bewerber in drei Stunden ausgearbeitet werden können. Die Klausurarbeit ist nach vier Stunden zu beenden.

(4) Der schriftliche Prüfungsteil kann teilweise oder zur Gänze unter Verwendung von informationstechnischen Werkzeugen sowie auch im Rahmen eines Multiple-Choice-Prüfungsverfahrens durchgeführt werden. Die Ermittlung des Prüfungsergebnisses kann hierbei automationsunterstützt erfolgen. Der Einsatz der Prüfungskommission im Sinne des § 351 der Gewerbeordnung 1994, BGBl. Nr. 194, ist nicht erforderlich.

Mündlicher Prüfungsteil

§ 19. Der mündliche Prüfungsteil hat die Beantwortung von Prüfungsfragen aus folgenden Gegenständen zu umfassen:

1. Berufsrecht,
2. Buchhaltung, insbesondere Funktionsweise der Einnahmen- und Ausgabenrechnung, Funktionsweise der doppelten Buchhaltung, formaler Abschluss, Organisationsformen der doppelten Buchhaltung, Belegwesen, Journal, Hauptbuch, Nebenbuchhaltung, unternehmens- und steuerrechtliche Buchführungs- und Aufzeichnungspflichten, formelle und materielle Mindestanforderungen, abhängig von der Form der Buchhaltung, formelle und materielle Ordnungsmäßigkeit der Buchführung, Inventurverfahren, Kontenrahmenprinzipien und -systeme,
3. bürgerliches Recht und Unternehmensrecht, insbesondere Vertragsrecht, Sachenrecht, Grundzüge des Unternehmensrechts und Grundkenntnisse der einschlägigen arbeits- und sozialrechtlichen Vorschriften, soweit für die Buchhaltung erforderlich,
4. Steuerrecht, insbesondere Grundzüge der Bundesabgabenordnung, Umsatzsteuer und Grundbegriffe des Einkommensteuerrechts unter besonderer Berücksichtigung der steuerlichen Gewinnermittlung,

5. Zahlungs- und Kapitalverkehr, insbesondere die Durchführung des Zahlungsverkehrs, diverse Instrumente des Zahlungsverkehrs und Kaufvertrags- und Versicherungsklauseln und ihre Auswirkung im Zahlungsverkehr,

6. Kostenrechnung, insbesondere Kostenrechnungstheorie und traditionelle Kostenrechnung und

7. Grundlagen und Anwendungen der Informationstechnologie im Rechnungswesen.

5. Abschnitt
Prüfungen – Personalverrechner

Fachprüfung – Personalverrechner

§ 20. Die Fachprüfung für Personalverrechner besteht aus
1. dem schriftlichen Prüfungsteil gemäß § 21 und
2. dem mündlichen Prüfungsteil gemäß § 22.

Schriftlicher Prüfungsteil

§ 21. (1) Der schriftliche Prüfungsteil hat die Ausarbeitung einer Klausurarbeit zu umfassen. Der schriftliche Prüfungsteil ist ein einheitlicher Gegenstand.

(2) Die Klausurarbeit hat die Ausarbeitung einer Prüfungsarbeit durch selbständige Anwendung geeigneter Techniken aus nachstehenden Fachbereichen zu umfassen:
1. Personalverrechnung,
2. Einnahmen- und Ausgabenrechnung und doppelte Buchführung, soweit dies für die Personalverrechnung relevant ist und
3. Bedeutung der Themenkreise bürgerliches Recht, Unternehmensrecht, Steuerrecht, Arbeits- und Sozialrecht und Verfahrensrecht, soweit dies für die Ausübung erforderlich ist.

(3) Die Prüfungsfragen der Klausurarbeit sind so zu stellen, dass diese vom Bewerber in zwei Stunden ausgearbeitet werden können. Die Klausurarbeit ist nach drei Stunden zu beenden.

(4) Der schriftliche Prüfungsteil kann teilweise oder zur Gänze unter Verwendung von informationstechnischen

Werkzeugen sowie auch im Rahmen eines Multiple-Choice-Prüfungsverfahrens durchgeführt werden. Die Ermittlung des Prüfungsergebnisses kann hierbei automationsunterstützt erfolgen. Der Einsatz der Prüfungskommission im Sinne des § 351 der Gewerbeordnung 1994, BGBl. Nr. 194, ist nicht erforderlich.

Mündlicher Prüfungsteil

§ 22. Der mündliche Prüfungsteil hat die Beantwortung von Prüfungsfragen aus folgenden Gegenständen zu umfassen:

1. Berufsrecht,
2. Personalverrechnung,
3. Buchhaltung, insbesondere Funktionsweise der Einnahmen- und Ausgabenrechnung, der doppelten Buchhaltung, formelle und materielle Ordnungsmäßigkeit der Buchführung, soweit dies für die Personalverrechnung relevant ist,
4. Bedeutung der Themenkreise bürgerliches Recht, Unternehmensrecht, Steuerrecht, Arbeits- und Sozialrecht und Verfahrensrecht, soweit dies für die Ausübung erforderlich ist und
5. Grundlagen und Anwendung der Informationstechnologie in der Personalverrechnung.

Prüfungsordnung

§ 23. (1) Die Behörde hat durch Verordnung eine Prüfungsordnung zu erlassen.

(2) Die Prüfungsordnung hat Bestimmungen über die nähere Ausgestaltung der Fachprüfungen zu enthalten, insbesondere über

1. die Qualifikation der Prüfer,
2. die Anmeldung zur Prüfung,
3. das Prüfungsverfahren bei Multiple-Choice Prüfungen,
4. die auszustellenden Zeugnisse,
5. die vom Prüfling zu bezahlende Prüfungsgebühr und Kosten für Materialien und Einrichtungen bei Prüfungsverfahren gemäß Z 3,
6. die aus den Prüfungsgebühren zu bezahlende Entschädigung der Mitglieder der Prüfungskommission,

7. die Voraussetzungen für die Rückzahlung,
8. die Pflichten der Mitglieder und des Vorsitzenden der Prüfungskommission, um unparteiische und sachgerechte Prüfungen zu gewährleisten,
9. die Ausarbeitung der Prüfungsthemen,
10. die Durchführung der Klausurarbeiten,
11. die Durchführung der mündlichen Prüfungen, ihre Dauer und die Höchst- und Mindestdauer der einzelnen Gegenstände der schriftlichen Fachprüfungsteile im Falle einer Wiederholung oder Befreiung,
12. das auszustellende Prüfungszeugnis und
13. die Gleichwertigkeit der Gegenstände im Sinne des § 13 Abs. 2.

(3) Die Prüfungsgebühren gemäß Abs. 2 Z 5 sind so zu bemessen, dass der Personal- und Sachaufwand der Meisterprüfungsstelle und eine angemessene Entschädigung der Mitglieder der Prüfungskommission gedeckt ist. Auf die wirtschaftlichen Verhältnisse des Prüflings kann Bedacht genommen werden.

6. Abschnitt

Bestellungsverfahren

Antrag auf öffentliche Bestellung

§ 24. (1) Natürliche Personen, die einen Bilanzbuchhaltungsberuf selbständig auszuüben beabsichtigen, haben einen schriftlichen Antrag auf öffentliche Bestellung bei der Behörde einzubringen.

(2) Diesem Antrag sind anzuschließen:
1. ein Identitätsnachweis und
2. die Belege zum Nachweis der Erfüllung der Voraussetzungen für die öffentliche Bestellung.

Anspruch auf öffentliche Bestellung

§ 25. (1) Natürliche Personen, welche die Voraussetzungen für die öffentliche Bestellung erfüllen, haben Anspruch auf öffentliche Bestellung.

(2) Vor der öffentlichen Bestellung darf ein Bilanzbuchhaltungsberuf nicht selbständig ausgeübt werden.

(3) Sind bei natürlichen Personen seit Ablegung der Fachprüfung mehr als sieben Jahre vergangen, so hat die Behörde die öffentliche Bestellung von der neuerlichen Ablegung der mündlichen Fachprüfung abhängig zu machen, wenn der Bestellungswerber in dieser Zeit nicht überwiegend beruflich fachlich tätig war.

Öffentliche Bestellung – Eintragung

§ 26. (1) Die Behörde hat über die öffentliche Bestellung eine Urkunde auszustellen.

(2) Bilanzbuchhalter, Buchhalter und Personalverrechner sind von Amtswegen in das bei der Behörde zu führende Register einzutragen.

Versagung der öffentlichen Bestellung

§ 27. (1) Die öffentliche Bestellung ist zu versagen, wenn eine der Bestellungsvoraussetzungen nicht erfüllt ist.

(2) Über die Versagung der öffentlichen Bestellung hat die Behörde einen schriftlichen Bescheid zu erlassen.

3. Hauptstück
Gesellschaften

1. Abschnitt
Gesellschaften

Voraussetzungen

§ 28. (1) Für Gesellschaften gelten, soweit in diesem Hauptstück nichts anderes bestimmt ist, die auf Gesellschaften anzuwendenden Bestimmungen der Gewerbeordnung 1994, BGBl. Nr. 194.

(2) Allgemeine Voraussetzung für die Anerkennung von Gesellschaften ist jedenfalls eine abgeschlossene Vermögensschaden-Haftpflichtversicherung.

(3) Gewerberechtliche Geschäftsführer haben zu erfüllen:
1. die allgemeinen Voraussetzungen für die öffentliche Bestellung gemäß § 7 Abs. 1 Z 1 bis 3 und

2. die erfolgreich abgelegte Fachprüfung gemäß § 7 Abs. 2 und 3, welche den gesamten Berechtigungsumfang der Gesellschaft umfasst.

(4) Scheidet der Geschäftsführer aus, so ist längstens innerhalb einer Frist von sechs Monaten ein neuer Geschäftsführer zu bestellen, widrigenfalls die Anerkennung von der Behörde zu widerrufen ist. Die Frist verkürzt sich auf zwei Monate, wenn in den vorangegangenen zwei Jahren vor dem Ausscheiden des Geschäftsführers die selbstständige Ausübung eines Bilanzbuchhaltungsberufes insgesamt länger als sechs Monate ohne Geschäftsführer ausgeübt wurde.

(5) Die vertretungsbefugten Organe der juristischen Person oder eingetragenen Personengesellschaft haben die Bestellung und das Ausscheiden des Geschäftsführers der Behörde unverzüglich längstens aber innerhalb eines Monats, anzuzeigen.

2. Abschnitt
Anerkennungsverfahren

Antrag auf Anerkennung

§ 29. Gesellschaften, die einen Bilanzbuchhaltungsberuf auszuüben beabsichtigen, haben einen schriftlichen Antrag auf Anerkennung unter Beibringung der erforderlichen Belege zum Nachweis der Erfüllung der Voraussetzungen für die Anerkennung an die Behörde zu stellen.

Anspruch auf Anerkennung

§ 30. (1) Gesellschaften, welche die Voraussetzungen für die Anerkennung erfüllen, haben Anspruch auf Anerkennung.

(2) Vor Anerkennung darf ein Bilanzbuchhaltungsberuf nicht ausgeübt werden.

Anerkennung – Eintragung

§ 31. (1) Die Behörde hat über die Anerkennung eine Urkunde auszustellen.

(2) Anerkannte Gesellschaften sind von Amtswegen in das bei der Behörde zu führende Register einzutragen.

Versagung der Anerkennung

§ 32. Die Behörde hat die Anerkennung mit Bescheid zu versagen, wenn eine der Anerkennungsvoraussetzungen nicht erfüllt ist.

4. Hauptstück
Rechte und Pflichten

1. Abschnitt
Allgemeine Rechte und Pflichten

Allgemeines

§ 33. (1) Berufsberechtigte sind verpflichtet, ihren Beruf gewissenhaft, sorgfältig, eigenverantwortlich und unabhängig und unter Beachtung der in diesem Hauptstück und der in der Ausübungsrichtlinie enthaltenen Bestimmungen auszuüben.

(2) Wird ein Berufsberechtigter als Mediator tätig, so hat er auch dabei die ihn als Berufsberechtigten treffenden Berufspflichten einzuhalten. Besondere Regelungen für Mediatoren nach anderen Rechtsvorschriften werden dadurch nicht berührt.

(3) Bilanzbuchhalter und Geschäftsführer von Bilanzbuchhaltungsgesellschaften sind verpflichtet, entsprechende Fortbildungsveranstaltungen hinsichtlich der neuesten berufseinschlägigen Entwicklungen zum Zweck der Vertiefung der fachlichen Kenntnisse in einem jährlichen Ausmaß von mindestens 30 Lehreinheiten zu besuchen. Buchhalter und Personalverrechner und Geschäftsführer von Buchhalter- und Personalverrechnergesellschaften sind verpflichtet, entsprechende Fortbildungsveranstaltungen hinsichtlich der neuesten berufseinschlägigen Entwicklungen zum Zweck der Vertiefung der fachlichen Kenntnisse in einem jährlichen Ausmaß von mindestens 15 Lehreinheiten pro Berechtigung zu besuchen. Bilanzbuchhalter, Buchhalter und Personalverrechner sowie Geschäftsführer von Bilanzbuchhaltungsgesellschaften sind verpflichtet, nach Aufforderung durch die Behörde den Nachweis über den Besuch der Fortbildungsveranstaltungen binnen angemessener Frist zu erbringen.

Ausübungsrichtlinie

§ 34. (1) Die Behörde hat eine Richtlinie für die Ausübung der Bilanzbuchhaltungsberufe zu erlassen.

(2) Diese Richtlinie hat insbesondere zu regeln:

1. das standesgemäße Verhalten im Geschäftsverkehr mit Auftraggebern,
2. das standesgemäße Verhalten gegenüber anderen Berufsberechtigten und Personen anderer Berufe, die durch die Ausübung eines Bilanzbuchhaltungsberufes berührt werden,
3. die Kontrolle der verpflichtenden Fortbildung,
4. die Kontrolle der sonstigen Pflichten von Berufsberechtigten,
5. angemessene Vorkehrungen zum Schutz der Berufsberechtigten von einer Ausnutzung durch die organisierte Kriminalität und einer Verwicklung in diese,
6. die nähere Ausgestaltung der Sorgfaltspflichten im Hinblick auf Geldwäsche und Terrorismusfinanzierung,
7. die Erstellung von Risikoprofilen betreffend Geschäftsbeziehungen im Hinblick auf Geldwäsche und Terrorismusfinanzierung und
8. Anleitungen betreffend erweiterter Sorgfaltspflichten für risikoreiche Geschäfte im Hinblick auf Geldwäsche und Terrorismusfinanzierung.

(3) Diese Richtlinie ist durch die Behörde im Internet kundzumachen. Die im Internet kundgemachten Inhalte müssen jederzeit ohne Identitätsnachweis und gebührenfrei zugänglich sein und in ihrer kundgemachten Form vollständig und auf Dauer ermittelt werden können.

Zweigstellen

§ 35. (1) Berufsberechtigte sind berechtigt, ihren Beruf von ihrem Berufssitz aus im gesamten Bundesgebiet auszuüben.

(2) Berufsberechtigte sind berechtigt, Zweigstellen zu errichten

(3) Die Errichtung einer Zweigstelle ist der Behörde unverzüglich schriftlich zu melden.

(4) Die Zweigstellen sind von Amtswegen in das von der Behörde zu führende Register einzutragen. Bei Schließung einer Zweigstelle ist diese aus dem Register zu streichen.

Aufträge und Bevollmächtigung

§ 36. (1) Berufsberechtigte sind verpflichtet, die Übernahme eines Auftrages abzulehnen, der sie bei Ausübung ihrer Tätigkeit an Weisungen fachlicher Art des Auftraggebers binden würde. Die Annahme von Aufträgen, die sowohl dem Grunde als auch der Höhe nach im Deckungsumfang der Vermögensschaden-Haftpflichtversicherung nach § 10 nicht enthalten sind, ist unzulässig.

(2) Berufsberechtigte sind berechtigt, einen bereits übernommenen Auftrag zurückzulegen, wenn ein wichtiger Grund vorliegt. Wichtige Gründe sind insbesondere

1. die sich nachträglich ergebende Unerfüllbarkeit des Auftrages oder
2. die Verhinderung durch eine Krankheit oder
3. die sich nachträglich ergebende Feststellung, dass der Auftraggeber bewusst unrichtige oder unvollständige Unterlagen zur Verfügung gestellt hat.

(3) Berufsberechtigte sind berechtigt, die ihnen erteilten Auskünfte und übergebenen Unterlagen des Auftraggebers, insbesondere Zahlenangaben, als richtig und vollständig anzusehen.

(4) Berufsberechtigte sind verpflichtet, die übernommenen Angelegenheiten, Aufgaben, Vertretungen und Verteidigungen gesetzmäßig zu führen und die Rechte des Auftraggebers gegen jedermann mit Treue und Nachdruck zu verfolgen. Sie sind im Rahmen ihrer Aufträge befugt, alle ihren Auftraggebern zur Verfügung stehenden gesetzmäßigen Angriffs- und Verteidigungsmittel zu gebrauchen.

(5) Beruft sich ein Bilanzbuchhalter im beruflichen Verkehr auf die ihm erteilte Bevollmächtigung, so ersetzt diese Berufung den urkundlichen Nachweis.

(6) Vereinbarungen in Allgemeinen Geschäftsbedingungen über einen generellen Haftungsausschluss sind unzulässig.

Interdisziplinäre Zusammenarbeit – Werkverträge

§ 37. Berufsberechtigte sind berechtigt, Angehörige anderer selbständiger Berufe für einzelne bestimmte und übliche Aufgaben durch Werkvertrag heranzuziehen.

Andere Tätigkeiten

§ 38. Berufsberechtigte sind berechtigt, auch andere Tätigkeiten selbständig oder unselbständig auszuüben.

Verschwiegenheitspflicht

§ 39. (1) Berufsberechtigte sind zur Verschwiegenheit über die ihnen anvertrauten Angelegenheiten verpflichtet. Für diese Verschwiegenheitspflicht ist es ohne Bedeutung, ob die Kenntnis dieser Umstände und Tatsachen auch anderen Personen zugänglich ist oder nicht.

(2) Die Verschwiegenheitspflicht der Berufsberechtigten erstreckt sich auch auf persönliche Umstände und Betriebs- oder Geschäftsgeheimnisse, die ihnen bei Durchführung erteilter Aufträge oder im Zuge eines behördlichen, nicht öffentlichen Verfahrens in Ausübung ihres Berufes als solche bekanntgeworden sind.

(3) Hinsichtlich der Befreiung eines Berufsberechtigten zur Ablegung eines Zeugnisses, zur Einsichtgewährung in Geschäftspapiere oder zur Erteilung von Auskünften im Verwaltungs-, Abgaben-, Zivil- und Strafverfahren sind in Ansehung dessen, was dem Berufsberechtigten in Ausübung seines Bilanzbuchhaltungsberufes bekannt geworden ist, die für Wirtschaftstreuhänder geltenden Bestimmungen anzuwenden, jedoch mit der Maßgabe, dass im Abgabenverfahren vor den Finanzbehörden einem Berufsberechtigten die gleichen Rechte wie einem Rechtsanwalt zustehen.

(4) Die Verschwiegenheitspflicht entfällt, wenn und insoweit

1. Melde- und Auskunftspflichten im Rahmen der Bestimmungen der Richtlinie (EU) 2015/849 zur Verhinderung der Nutzung des Finanzsystems zum Zwecke der Geldwäsche und der Terrorismusfinanzierung; zur Änderung der Verordnung (EU) Nr. 648/2012 und zur Aufhebung der

Richtlinie 2005/60/EG und der Richtlinie 2006/70/EG in der Fassung der Richtlinie (EU) 2018/843 ABl. Nr. L 156 vom 19.06.2018 S. 43 (im Folgenden: Geldwäsche-RL), und den damit im Zusammenhang erlassenen Umsetzungsmaßnahmen bestehen oder

2. der Auftraggeber den Berufsberechtigten ausdrücklich von dieser Pflicht entbunden hat.

(5) Die Bestimmungen der Abs. 1 bis 4 gelten sinngemäß für die Erfüllungsgehilfen der Berufsberechtigten, Gesellschafter, Aufsichtsräte, Prokuristen.

Stellvertretung – Bestellungsverpflichtung

§ 40. (1) Berufsberechtigte natürliche Personen sind verpflichtet, bei voraussichtlich länger dauernder Verhinderung einen Berufsberechtigten zum Stellvertreter zu bestellen.

(2) Die Bestellung ist der Behörde unverzüglich bekanntzugeben.

(3) Eine Vertretung ist nur insoweit zulässig, als der Vertreter über die erforderlichen Berufsbefugnisse verfügt.

(4) Überschreitet die Dauer der Vertretung ein Jahr, so hat der Vertretene bei der Behörde um Genehmigung anzusuchen. Eine Genehmigung ist dann zu verweigern, wenn die Verhinderung an der persönlichen Berufsausübung nicht mehr gegeben ist. Bei Unterlassung der Einholung der Genehmigung hat die Behörde die Berufsberechtigung des Vertretenen mit Bescheid zu widerrufen.

(5) Erfolgt die Bestellung des Stellvertreters mit Zustimmung des Auftraggebers, so haftet der Vertretene diesem nur nach Maßgabe des § 1010 ABGB zweiter Satz. Andernfalls gelten für die Haftung des Vertretenen die Grundsätze des Werkvertrages.

(6) Die Behörde hat bei voraussichtlich länger dauernder Verhinderung einen Kanzleikurator zu bestellen:

1. auf Antrag des Vertretenen oder

2. von Amtswegen, wenn der Verpflichtung gemäß Abs. 1 nicht nachgekommen wird.

(7) Die Bestellung hat durch die Behörde mit Bescheid zu erfolgen.

(8) Der gemäß Abs. 6 bestellte Kanzleikurator hat

1. die Kanzlei des Vertretenen im vollen Umfang unter eigener Verantwortung mit dem Hinweis auf seine Funktion als Kanzleikurator und im Namen und auf Rechnung des Vertretenen zu betreuen,
2. im Fall des Abs. 6 Z 1 die Weisungen des zu vertretenden Berufsberechtigten und im Fall des Abs. 6 Z 2 die Weisungen der Behörde bei Ausübung seiner Funktion als Kanzleikurator einzuhalten,
3. seine eigenen beruflichen Tätigkeiten von den Tätigkeiten für die zu verwaltende Kanzlei streng zu trennen und sowohl bei Beginn als auch bei Beendigung seiner Tätigkeit eine Vermögensaufstellung zu verfassen und
4. eine Versicherung, welche die Tätigkeit der betreuten Kanzlei umfasst, nachzuweisen.

(9) Im Falle der persönlichen Wiederaufnahme der Berufstätigkeit nach mehr als sieben Jahre dauernder Verhinderung oder Abwesenheit hat die Behörde die weitere Ausübung der Berufstätigkeit von der neuerlichen Ablegung der mündlichen Fachprüfung abhängig zu machen, wenn der Abwesende in dieser Zeit nicht überwiegend beruflich fachlich tätig war.

(10) Der gemäß Abs. 6 bestellte Kanzleikurator hat Anspruch auf Entlohnung. Die Höhe der Entlohnung richtet sich

1. nach der Vereinbarung mit dem zu vertretenden Berufsberechtigten oder
2. bei Nichtzustandekommen einer Vereinbarung nach der Festsetzung der Behörde in einem 65% nicht übersteigenden Anteil an der Betriebsleistung der betreuten Kanzlei.

Ruhen der Befugnis

§ 41. (1) Berufsberechtigte sind berechtigt, auf ihre Befugnis zur selbständigen Ausübung ihres Bilanzbuchhaltungsberufes vorübergehend mit der Rechtsfolge zu verzichten, dass hierdurch Ruhen der Berufsbefugnis eintritt.

(2) Der Eintritt des Ruhens ist der Behörde unverzüglich schriftlich anzuzeigen. Das Ruhen wird mit angegebenem

Datum, frühestens jedoch mit dem Datum des Einlangens der Ruhenserklärung bei der Behörde wirksam.

(3) Bilanzbuchhalter, Buchhalter und Personalverrechner sind nicht verpflichtet, während des Ruhens ihrer Berufsberechtigung die Vermögensschaden-Haftpflichtversicherung aufrecht zu halten.

(4) Die Beendigung des Ruhens ist der Behörde unverzüglich schriftlich anzuzeigen. Der schriftlichen Anzeige auf Beendigung des Ruhens sind die Belege zum Nachweis der Erfüllung der allgemeinen Voraussetzungen gemäß § 7 Abs. 1 anzuschließen.

(5) Die Behörde ist verpflichtet, umgehend den Eintritt und das Ende des Ruhens im Register zu veröffentlichen.

(6) Die Behörde hat die Wiederaufnahme der Berufstätigkeit zu untersagen, wenn

1. keine Belege gemäß Abs. 4 vorgelegt werden oder
2. die allgemeinen Voraussetzungen gemäß § 7 Abs. 1 nicht vorliegen oder
3. im Falle der persönlichen Wiederaufnahme der Berufstätigkeit durch eine natürliche Person nach mehr als siebenjährigem Ruhen.

(7) Von einer Untersagung ist im Fall des Abs. 6 Z 3 abzusehen, wenn der Berufsberechtigte in dieser Zeit überwiegend beruflich fachlich tätig war.

(8) Im Falle der persönlichen Wiederaufnahme der Berufstätigkeit durch eine natürliche Person nach mehr als siebenjährigem Ruhen hat die Behörde diese Wiederaufnahme von der Ablegung der mündlichen Fachprüfung abhängig zu machen, wenn der Berufsberechtigte in dieser Zeit nicht überwiegend facheinschlägig gearbeitet hat.

(9) Über die Untersagung der Wiederaufnahme ist ein schriftlicher Bescheid zu erlassen. Dieser Bescheid ist dem Berufsberechtigten zu eigenen Handen zuzustellen.

Weitere Meldepflichten

§ 42. Berufsberechtigte sind verpflichtet, der Behörde binnen einem Monat schriftlich sämtliche Änderungen, welche die Voraussetzungen für die öffentliche Bestellung oder die Anerkennung betreffen, zu melden.

2. Abschnitt
Maßnahmen zur Verhinderung der Geldwäsche und der Terrorismusfinanzierung

Allgemeines und Begriffsbestimmungen

§ 43. (1) Die Bestimmungen dieses Abschnittes setzen für den Bereich der Bilanzbuchhaltungsberufe die Geldwäsche-RL um.

(2) Im Sinne dieses Abschnittes bedeutet

1. „Geldwäsche" die folgenden Handlungen, wenn sie vorsätzlich begangen werden:

a) der Umtausch oder Transfer von Vermögensgegenständen in Kenntnis der Tatsache, dass diese Vermögensgegenstände aus einer kriminellen Tätigkeit stammen, zum Zwecke der Verheimlichung oder Verschleierung des illegalen Ursprungs der Vermögensgegenstände oder der Unterstützung von Personen, die an einer solchen Tätigkeit beteiligt sind, damit diese den Rechtsfolgen ihrer Tat entgehen oder

b) die Verheimlichung oder Verschleierung der wahren Natur, Herkunft, Lage, Verfügung oder Bewegung von Vermögensgegenständen oder von Rechten oder Eigentum an Vermögensgegenständen in Kenntnis der Tatsache, dass diese Vermögensgegenstände aus einer kriminellen Tätigkeit oder aus der Teilnahme an einer solchen Tätigkeit stammen oder

c) alle Straftaten, die mit Freiheitsstrafe von mehr als einem Jahr belegt werden können, jedoch in die Zuständigkeit der Gerichte fallende Finanzvergehen im Zusammenhang mit direkten und indirekten Steuern nach österreichischem Recht nur nach der Maßgabe, dass eine solche Freiheitsstrafe nach den §§ 33, 35 und 37 FinStrG bei Begehung als Mitglied einer Bande oder unter Gewaltanwendung (§38a FinStrG) verhängt werden kann, sowie Finanzvergehen nach §§ 39 und 40 FinStrG.

d) die Beteiligung an einer der unter lit. a, b und c aufgeführten Handlungen, Zusammenschlüsse zur Ausführung einer solchen Handlung, Versuche einer solchen Handlung, Beihilfe, Anstiftung oder

Beratung zur Ausführung einer solchen Handlung oder Erleichterung ihrer Ausführung,

2. „Kriminelle Tätigkeit" jede Form der strafbaren Beteiligung an der Begehung der folgenden Straftaten, unabhängig davon, ob ihr Tatort gemäß § 67 Abs. 2 des Strafgesetzbuches (StGB), BGBl. Nr. 60/1974, innerhalb oder außerhalb Österreichs liegt:

   a) Urkundenfälschung gemäß § 223 StGB mit dem Ziel, eine terroristische Straftat gemäß § 278c StGB zu begehen oder sich an einer terroristischen Vereinigung gemäß § 278b Abs. 2 StGB zu beteiligen,

   b) gerichtlich strafbare Handlungen nach den §§ 27 oder 30 des Suchtmittelgesetzes (SMG), BGBl I Nr. 112/1997 und

   c) alle Straftaten, die mit Freiheitsstrafe von mehr als einem Jahr belegt werden können, jedoch in die Zuständigkeit der Gerichte fallende Finanzvergehen im Zusammenhang mit direkten und indirekten Steuern nach österreichischem Recht nur nach der Maßgabe, dass eine solche Freiheitsstrafe nach den §§ 33, 35 und 37 FinStrG im Fall der gewerbsmäßigen Tatbegehung oder bei Begehung als Mitglied einer Bande oder unter Gewaltanwendung (§§ 38 und 38a FinStrG) verhängt werden kann, sowie Finanzvergehen nach § 39 FinStrG.

3. „Vermögensgegenstand" Vermögenswerte aller Art, ob körperlich oder nichtkörperlich, beweglich oder unbeweglich, materiell oder immateriell, und Rechtstitel oder Urkunden in jeder — einschließlich elektronischer oder digitaler — Form, die das Eigentumsrecht oder Rechte an solchen Vermögenswerten belegen; dazu zählen auch unkörperliche Spekulationsobjekte wie Einheiten virtueller Währungen und die auf diese entfallenden Wertzuwächse, nicht aber bloße Ersparnisse wie etwa nicht eingetretene Wertverluste, Forderungsverzichte oder ersparte Aus- oder Abgaben,

4. „Stammen", dass der Täter der strafbaren Handlung den Vermögensgegenstand durch die Tat erlangt oder für ihre Begehung empfangen hat oder wenn sich in

ihm der Wert des ursprünglich erlangten oder empfangenen Vermögensgegenstandes verkörpert,

5. „Terrorismusfinanzierung" die Bereitstellung oder Sammlung finanzieller Mittel, gleichviel auf welche Weise, unmittelbar oder mittelbar, mit dem Vorsatz, dass sie ganz oder teilweise dazu verwendet werden, eine der folgenden Straftaten zu begehen:

a) Terroristische Vereinigung gemäß § 278b StGB,

b) Terroristische Straftaten gemäß § 278c StGB,

c) Terrorismusfinanzierung gemäß § 278d StGB,

d) Ausbildung für terroristische Zwecke gemäß § 278e StGB,

e) Anleitung zur Begehung einer terroristischen Straftat gemäß § 278f StGB,

f) Schwerer Diebstahl gemäß § 128 StGB mit dem Ziel, eine terroristische Straftat gemäß § 278c StGB zu begehen,

g) Erpressung gemäß § 144 StGB oder schwere Erpressung gemäß § 145 StGB mit dem Ziel, eine terroristische Straftat gemäß § 278c StGB zu begehen,

h) Urkundenfälschung gemäß § 223 StGB oder Fälschung besonders geschützter Urkunden gemäß § 224 StGB mit dem Ziel, eine terroristische Straftat gemäß § 278c StGB zu begehen oder sich an einer terroristischen Vereinigung zu beteiligen gemäß § 278b Abs. 2 StGB,

6. „Finanzielle Mittel" Bar- und Buchgeld sowie Einheiten virtueller Währungen, ungeachtet der Herkunft aus legalen oder illegalen Quellen,

7. „Verdacht" einen begründeten Verdacht, die Annahme der Wahrscheinlichkeit des Vorliegens eines bestimmten Sachverhalts, die sich aufgrund der Kenntnis darauf hinweisender Tatsachen ergibt. Diese Annahme hat über eine bloße Vermutung hinauszugehen,

8. „Geschäftsbeziehung" jedes Handeln eines Berufsberechtigten in Ausübung seines Berufes für Dritte, wenn über eine kostenlose Erstberatung hinaus weitere Dienste oder Aufträge erfolgen und bei Zustandekommen des Kontakts davon ausgegangen wird, dass sie von einer gewissen Dauer sein soll,

9. „Transaktion" einen Vorgang, der auf den Übergang von Werten von der Einflusssphäre des Auftraggebers in jene einer anderen Person abzielt,

10. „gelegentliche Transaktion" Transaktion außerhalb einer Geschäftsbeziehung, die sich auf 15 000 Euro oder mehr beläuft, und zwar unabhängig davon, ob diese Transaktion in einem einzigen Vorgang oder in mehreren Vorgängen, zwischen denen eine Verbindung zu bestehen scheint, ausgeführt wird,

11. „Geldwäschemeldestelle" die Meldestelle für die Abgabe einer Geldwäscheverdachtsmeldung gemäß § 4 Abs. 2 Z 1 und 2 des Bundeskriminalamt-Gesetzes (BKA-G) BGBl I Nr. 22/2002,

12. „Auftraggeber" eine Person, die einen Berufsberechtigten rechtswirksam einen Auftrag erteilt hat und dieser Auftrag vom Berufsberechtigten verbindlich angenommen wurde,

13. "Führungsebene" Führungskräfte oder Mitarbeiter mit ausreichendem Wissen über die Risiken, die für den Berufsberechtigten in Bezug auf Geldwäsche oder Terrorismusfinanzierung bestehen, und ausreichendem Dienstalter, um Entscheidungen mit Auswirkungen auf die Risikolage treffen zu können, wobei es sich nicht in jedem Fall um ein Mitglied der gesetzlichen Vertretung des Berufsberechtigten handeln muss,

14. „Politisch exponierte Person" eine natürliche Person, die wichtige öffentliche Ämter ausübt oder ausgeübt hat; hierzu zählen insbesondere

a) Staatschefs, Regierungschefs, Minister, stellvertretende Minister und Staatssekretäre,

b) Parlamentsabgeordnete oder Mitglieder vergleichbarer Gesetzgebungsorgane,

c) Mitglieder der Führungsgremien politischer Parteien,

d) Mitglieder von obersten Gerichtshöfen, Verfassungsgerichtshöfen oder sonstigen hohen Gerichten, gegen deren Entscheidungen, von außergewöhnlichen Umständen abgesehen, kein Rechtsmittel mehr eingelegt werden kann,

e) Mitglieder von Rechnungshöfen oder der Leitungsorgane von Zentralbanken,

f) Botschafter, Geschäftsträger und hochrangige Offiziere der Streitkräfte,

g) Mitglieder der Verwaltungs-, Leitungs- oder Aufsichtsorgane staatseigener Unternehmen und

h) Direktoren, stellvertretende Direktoren und Mitglieder des Leitungsorgans oder eine vergleichbare Funktion bei internationalen Organisationen,

i) Keine der unter lit. a bis h genannten öffentlichen Funktionen umfasst Funktionsträger mittleren oder niedrigeren Ranges,

15. „Familienmitglieder" insbesondere:

a) den Ehepartner einer politisch exponierten Person oder eine dem Ehepartner einer politisch exponierten Person gleichgestellte Person,

b) die Kinder einer politisch exponierten Person und deren Ehepartner oder dem Ehepartner gleichgestellte Personen und

c) die Eltern einer politisch exponierten Person,

16. „bekanntermaßen nahestehende Personen"

a) natürliche Personen, die bekanntermaßen gemeinsam mit einer politisch exponierten Person wirtschaftliche Eigentümer von juristischen Personen oder Rechtsvereinbarungen sind oder sonstige enge Geschäftsbeziehungen zu einer solchen politisch exponierten Person unterhalten und

b) natürliche Personen, die alleinige wirtschaftliche Eigentümer einer juristischen Person oder einer Rechtsvereinbarung sind, welche bekanntermaßen de facto zu Gunsten einer politisch exponierten Person errichtet wurde,

17. „Gruppe" eine Gruppe von Unternehmen, die aus einem Mutterunternehmen, seinen Tochterunternehmen und den Unternehmen, an denen das Mutterunternehmen oder seine Tochterunternehmen eine Beteiligung halten, besteht, sowie Unternehmen, die untereinander durch eine Beziehung im Sinne von Art. 22 der Richtlinie 2013/34/EU über den Jahresabschluss, den konsolidierten Abschluss und damit verbundene Berichte von Unternehmen bestimmter Rechtsformen und zur Änderung der Richtlinie 2006/43/EG des

Europäischen Parlaments und des Rates und zur Aufhebung der Richtlinien 78/660/EWG und 83/349/EWG des Rates, ABl. Nr. L 182 vom 29.06.2013 S. 19, zuletzt geändert durch die Richtlinie 2013/102/EU, ABl. Nr. L 334 vom 21.11.2014 S. 86, („Konzernaufstellungspflicht") verbunden sind,

18. „wirtschaftlicher Eigentümer"

a) einen wirtschaftlichen Eigentümer in sinngemäßer Anwendung des § 2 des Wirtschaftliche Eigentümer Registergesetzes (WiEReG), BGBl. I Nr. 136/2017, mit der Maßgabe, dass unter Rechtsträgern auch ausländische Gesellschaften, sonstige juristische Personen sowie Trusts und trustähnliche Vereinbarungen, die den in § 1 Abs. 2 WiEReG genannten vergleichbar sind und dass § 2 Z 1 WiEReG

aa) auf börsennotierte Gesellschaften, deren Wertpapiere zum Handel auf einem geregelten Markt in einem oder mehreren Mitgliedstaaten zugelassen sind, sowie

bb) auf börsennotierte Gesellschaften aus Drittländern, die Offenlegungsanforderungen unterliegen, die dem Unionsrecht entsprechen oder mit diesem vergleichbar sind,

nicht anzuwenden ist, und

b) eine natürliche Person, in deren Auftrag eine Transaktion oder Tätigkeit ausgeführt wird,

19. „virtuelle Währungen" eine digitale Darstellung eines Werts, die von keiner Zentralbank oder öffentlichen Stelle emittiert wurde oder garantiert wird und nicht zwangsläufig an eine gesetzlich festgelegte Währung angebunden ist und die nicht den gesetzlichen Status einer Währung oder von Geld besitzt, aber von natürlichen oder juristischen Personen als Tauschmittel akzeptiert wird und die auf elektronischem Wege übertragen, gespeichert und gehandelt werden kann und

20. „Proliferationsfinanzierung" die Bereitstellung oder Sammlung finanzieller Mittel, gleichviel auf welche Weise, unmittelbar oder mittelbar, mit dem Vorsatz, dass sie ganz oder teilweise einer Person zugutekommen, die im Zusammenhang mit der völkerrechtswidrigen Verbreitung von

Massenvernichtungswaffen einer finanziellen Sanktion des Sicherheitsrates der Vereinten Nationen unterliegt,

21. „gezielte finanzielle Sanktionen": sowohl das Einfrieren von Vermögenswerten als auch das Verbot, Gelder oder andere Vermögenswerte unmittelbar oder mittelbar zugunsten der Personen und Organisationen bereitzustellen, die in Beschlüssen des Rates auf der Grundlage von Art. 29 EUV auf der Grundlage von Art. 215 AEUV benannt wurden, und

22. „gezielte finanzielle Sanktionen im Zusammenhang mit Proliferationsfinanzierung": die unter Z 21 genannten gezielten finanziellen Sanktionen, die gemäß dem Beschluss (GASP) Nr. 849/2016 über restriktive Maßnahmen gegen die Demokratische Volksrepublik Korea und zur Aufhebung des Beschlusses 2013/183/GASP, ABl. Nr. L 141 vom 28.05.2016 S. 79, und dem Beschluss (GASP) Nr. 413/2010 über restriktive Maßnahmen gegen die Demokratische Volksrepublik Korea und zur Aufhebung des Beschlusses 2013/183/GASP, ABl. Nr. L 141 vom 28.05.2016 S. 79, sowie gemäß der Verordnung (EU) Nr. 1509/2017 über restriktive Maßnahmen gegen die Demokratische Volksrepublik Korea und zur Aufhebung der Verordnung (EG) Nr. 329/2007, ABl. Nr. L 224 vom 31.08.2017 S. 1, und der Verordnung (EU) Nr. 267/2012 über restriktive Maßnahmen gegen Iran und zur Aufhebung der Verordnung (EU) Nr. 961/2010, ABl. Nr. L 88 vom 24.03.2012 S. 1, verhängt werden.

(3) Soweit die Bestimmungen der §§ 43 bis 52k und davon abgeleiteter Rechtsakte auf Terrorismusfinanzierung Bezug nehmen, erstreckt sich diese Bezugnahme sinngemäß auch auf die Nichtumsetzung und Umgehung gezielter finanzieller Sanktionen im Zusammenhang mit Proliferationsfinanzierung.

Risikobasierter Ansatz

§ 44. (1) Berufsberechtigte sind bei Ausübung ihrer beruflichen Tätigkeit verpflichtet, die in diesem Abschnitt festgelegten Pflichten risikobasiert zu erfüllen. Risiko bedeutet in diesem Abschnitt dabei die Gefahr, dass Dienste eines Berufsberechtigten für Geldwäsche oder für Zwecke der Terrorismusfinanzierung missbraucht werden. Durch eine risikobasierte Ausgestaltung der innerorganisatorischen Maßnahmen, der Sorgfaltspflichten gegenüber Auftraggebern sowie der Meldepflichten ist diese missbräuchliche Inanspruchnahme von Diensten des Berufsberechtigten zu verhindern.

(2) Die risikobasierte Erfüllung verlangt eine qualitative Risikobeurteilung des Berufsberechtigten. Dieser hat dabei vorliegende, für den Wirkungsbereich des Berufsberechtigten einschlägige Risikoanalysen der EU und der Republik Österreich ebenso einzubeziehen wie die in den Anhängen 1 bis 3 der Geldwäsche-RL genannten Risikofaktoren, soweit sie für seine konkrete Tätigkeit einschlägig sind.

(3) Die Dokumentation der im Rahmen der Risikobeurteilung gemäß Abs. 2 verwendeten Strategien, Kontrollen und Verfahren hat dabei Größe und Komplexität der Kanzlei, Dauer und Art der erbrachten Dienstleitungen, Person eines Auftraggebers oder wirtschaftlichen Eigentümers, Auftraggeberstruktur und Regionen, in denen der Berufsberechtigte seine Dienstleistungen erbringt, zu berücksichtigen.

Sorgfaltspflichten gegenüber Auftraggebern auslösende Umstände

§ 45. Auftraggeberbezogene Sorgfaltspflichten sind auf risikobasierter Grundlage einzuhalten bei

1. Begründung einer Geschäftsbeziehung oder
2. Ausführung gelegentlicher Transaktionen oder
3. Verdacht auf Geldwäsche oder Terrorismusfinanzierung, ungeachtet etwaiger Ausnahmeregelungen, Befreiungen oder Schwellenwerte oder
4. Zweifel an der Richtigkeit oder Eignung erhaltener Auftraggeberidentifikationsdaten.

Umfang der Sorgfaltspflichten gegenüber Auftraggebern

§ 46. Unter Berücksichtigung des risikobasierten Ansatzes umfassen die Sorgfaltspflichten des Berufsberechtigten gegenüber Auftraggebern:

1. die Feststellung und die Überprüfung der Identität des Auftraggebers auf der Grundlage von Dokumenten,

Daten oder Informationen, die von einer glaubwürdigen und unabhängigen Quelle stammen. Die Überprüfung der Auftraggeberidentität hat bei einer natürlichen Person durch die Vorlage eines aktuellen amtlichen Lichtbildausweises zu erfolgen. Der Pflicht zur Überprüfung der Auftraggeberidentität wird bei einer in einem öffentlichen Register eingetragenen juristischen Person oder Personengesellschaft dann entsprochen, wenn ein aktueller Auszug aus dem betreffenden Register sowie ein aktueller amtlicher Lichtbildausweis der vertretungsbefugten Personen dieser juristischen Person oder Personengesellschaft in vertretungsbefugter Zusammensetzung eingeholt worden ist. Die Behörde hat durch Verordnung festlegen, unter welchen Voraussetzungen die elektronische Identitätsfeststellung (Online-Identifikation) möglich ist. In dieser Verordnung sind insbesondere Anforderungen an die Datensicherheit, Fälschungssicherheit und an jene Personen, die die Online-Identifikation durchführen sowie Sicherungsmaßnahmen zur Vorbeugung von Missbrauch, festzulegen,

2. die Feststellung der Identität des wirtschaftlichen Eigentümers und die Ergreifung angemessener Maßnahmen zur Überprüfung seiner Identität. Im Falle von juristischen Personen, Trusts, Gesellschaften, Stiftungen und ähnlichen Rechtsvereinbarungen schließt dies angemessene Maßnahmen ein, um die Eigentums- und Kontrollstruktur des Auftraggebers zu verstehen. Ist der ermittelte wirtschaftliche Eigentümer ein Angehöriger der Führungsebene im Sinne des § 2 Abs. 1 lit. b WiEReG, sind zudem Aufzeichnungen über die ergriffenen Maßnahmen und über etwaige während des Überprüfungsvorgangs aufgetretene Schwierigkeiten zu führen. Eine angemessene Maßnahme ist die Einsicht in das Register der wirtschaftlichen Eigentümer nach Maßgabe des § 11 WiEReG,

3. die Feststellung und die Überprüfung der Identität des Vertreters eines Auftraggebers sowie die Vergewisserung über das Vorliegen einer aufrechten Vertretungsbefugnis,

4. die Bewertung – und gegebenenfalls Einholung – von Informationen über den Zweck und die angestrebte Art der Geschäftsbeziehung,

5. die kontinuierliche Überwachung der Geschäftsbeziehung, einschließlich einer Überprüfung der im Verlauf der Geschäftsbeziehung ausgeführten Transaktionen, um sicherzustellen, dass diese mit den Kenntnissen über den Auftraggeber, seine Geschäftstätigkeit und sein Risikoprofil, einschließlich erforderlichenfalls der Herkunft der Mittel, übereinstimmen, und die Gewährleistung, dass die betreffenden Dokumente, Daten oder Informationen auf aktuellem Stand gehalten werden und

6. die Einrichtung und Anwendung angemessener Risikomanagementsysteme einschließlich risikobasierter Verfahren, um feststellen zu können, ob es sich bei einem Auftraggeber oder einem wirtschaftlichen Eigentümer eines Auftraggebers um eine politisch exponierte Person handelt. Im Falle von Geschäftsbeziehungen zu politisch exponierten Personen ist die Zustimmung der Führungsebene einzuholen, bevor Geschäftsbeziehungen zu diesen Personen aufgenommen oder fortgeführt werden.

Zeitliche Maßgaben für Sorgfaltspflichten gegenüber Auftraggebern

§ 47. (1) Die Überprüfung der Identität des Auftraggebers und das Ergreifen angemessener Maßnahmen zur Feststellung der Identität des wirtschaftlichen Eigentümers gemäß § 46 Z 1 und Z 2 hat vor Begründung einer Geschäftsbeziehung oder Ausführung einer Transaktion zu erfolgen.

(2) Sofern ein geringes Risiko der Geldwäsche oder Terrorismusfinanzierung besteht, kann abweichend von Abs. 1 die Überprüfung der Identität des Auftraggebers und des wirtschaftlichen Eigentümers gemäß § 46 Z 1 und Z 2 erst während der Begründung einer Geschäftsbeziehung abgeschlossen werden, wenn dies notwendig ist, um den normalen Geschäftsablauf nicht zu unterbrechen. In diesem Fall sind die betreffenden Verfahren so bald wie möglich nach dem ersten Kontakt abzuschließen.

(3) Die Sorgfaltspflichten gegenüber Auftraggebern sind nicht nur auf alle neuen Auftraggeber, sondern zu geeigneter

Zeit, auch auf die bestehenden Auftraggeber auf risikobasierter Grundlage anzuwenden. Die Sorgfaltspflichten sind umgehend zu erfüllen, wenn sich bei einem Auftraggeber maßgebliche Umstände ändern oder wenn der Berufsberechtigte rechtlich verpflichtet ist, den Auftraggeber im Laufe des betreffenden Kalenderjahres zu kontaktieren, um etwaige einschlägige Informationen über den oder die wirtschaftlichen Eigentümer zu überprüfen.

(4) Zu Beginn einer neuen Geschäftsbeziehung mit einem Rechtsträger gemäß § 1 WiEReG haben die Berufsberechtigten einen Auszug aus dem Register der wirtschaftlichen Eigentümer gemäß § 9 oder § 10 WiEReG als Nachweis der Registrierung der wirtschaftlichen Eigentümer einzuholen. Zu Beginn einer neuen Geschäftsbeziehung mit einer Gesellschaft, einem Trust, einer Stiftung, einer mit einer Stiftung vergleichbaren juristischen Person oder mit einer trustähnlichen Rechtsvereinbarung mit Sitz in einem anderen Mitgliedstaat oder in einem Drittland, die mit einem Rechtsträger im Sinne des § 1 WiEReG vergleichbar sind, haben die Berufsberechtigten einen Nachweis der Registrierung oder einen Auszug einzuholen, sofern dessen wirtschaftliche Eigentümer in einem den Anforderungen der Art. 30 oder 31 der Geldwäsche-RL entsprechendem Register registriert werden müssen und es den Berufsberechtigten nach dem Recht des betreffenden anderen Mitgliedstaats oder des Drittlandes möglich ist, einen solchen Nachweis zu erhalten.

Nichterfüllbarkeit von Sorgfaltspflichten gegenüber Auftraggebern

§ 48. (1) Kann den Sorgfaltspflichten gegenüber Auftraggebern gemäß § 46 Z 1, Z 2 und Z 4 nicht nachgekommen werden, darf eine Geschäftsbeziehung nicht begründet oder eine Transaktion nicht ausgeführt werden. Bestehende Geschäftsbeziehungen sind in diesem Fall zu beenden. Der Berufsberechtigte hat zudem eine Verdachtsmeldung gemäß § 52a Abs. 3 an die Geldwäschemeldestelle unter Beachtung der Voraussetzungen der Meldeverpflichtungen in Erwägung zu ziehen.

(2) Abs. 1 gilt nicht, wenn die Voraussetzung des § 52a Abs. 9 vorliegt.

Vereinfachte Sorgfaltspflichten gegenüber Auftraggebern

§ 49. (1) Stellt ein Berufsberechtigter im Rahmen seiner generellen Risikoüberprüfung fest, dass in bestimmten Bereichen nur ein geringeres Risiko besteht, so können für Geschäftsbeziehungen in diesen Bereichen prinzipiell vereinfachte Sorgfaltspflichten gegenüber Auftraggebern angewendet werden. Bevor die Berufsberechtigten vereinfachte Sorgfaltspflichten gegenüber Auftraggebern anwenden, vergewissern sie sich, dass die Geschäftsbeziehung oder die Transaktion tatsächlich mit einem geringeren Risiko verbunden ist.

(2) Die Behörde hat im Rahmen der Ausübungsrichtlinie gemäß § 34 auf Grundlage folgender Risikoarten mögliche Faktoren für ein potenziell geringeres Risiko festzulegen:

1. Faktoren bezüglich des Auftraggeberrisikos,
2. Faktoren bezüglich des Produkt-, Dienstleistungs-, Transaktions- oder Vertriebskanalrisikos und
3. Faktoren bezüglich des geografischen Risikos.

(3) Die Behörde kann in ihrer Funktion als Aufsichtsbehörde darüber hinaus Arten von Geschäftsbeziehungen festlegen, die aufgrund des eingeschränkten Tätigkeitsumfangs und des damit verbundenen Risikos ebenfalls als Tätigkeiten mit einem geringen Geldwäscherisiko anzusehen sind.

Verstärkte Sorgfaltspflichten gegenüber Auftraggebern

§ 50. (1) In folgenden Fällen müssen die Berufsberechtigten verstärkte Sorgfaltspflichten zur angemessenen Steuerung und Minderung der Risiken anwenden:

1. Bei allen komplexen oder ungewöhnlich großen Transaktionen oder ungewöhnlichen Transaktionsmustern oder Transaktionen ohne offensichtlichen wirtschaftlichen oder rechtmäßigen Zweck,
2. bei Geschäftsbeziehungen oder Transaktionen, an denen Drittländer mit hohem Risiko gemäß der Delegierte Verordnung (EU) 2016/1675, ABl. Nr. L 254 vom 20.9.2016 S. 1, beteiligt sind,
3. in allen von der Behörde gemäß Abs. 4 festgelegten Fällen,

4. bei Transaktionen mit oder Geschäftsbeziehungen zu politisch exponierten Personen, ihren Familienangehörigen und politisch exponierten Personen bekanntermaßen nahestehenden Personen, und

5. in anderen Fällen mit höheren Risiken, die der Berufsberechtigte ermittelt hat.

(2) Die in Abs. 1 genannten Fälle sind jedenfalls einer verstärkten Überprüfung zu unterziehen. Bei komplexen oder ungewöhnlich großen Transaktionen sind insbesondere Hintergrund und Zweck mit angemessenen Mitteln zu erforschen.

(3) Bei Transaktionen oder Geschäftsbeziehungen gemäß Abs. 1 Z 4 sind angemessene Maßnahmen zu ergreifen, um die Herkunft des Vermögens oder der im Rahmen der Transaktion verwendeten finanziellen Mittel zu bestimmen und die Geschäftsbeziehung einer verstärkten fortlaufenden Überwachung zu unterziehen. Ist eine politisch exponierte Person nicht mehr mit einem öffentlichen Amt in einem Mitgliedstaat oder Drittland oder mit einem wichtigen öffentlichen Amt bei einer internationalen Organisation betraut, so haben die Berufsberechtigten für mindestens zwölf Monate das von dieser Person weiterhin ausgehende Risiko zu berücksichtigen und so lange angemessene und risikobasierte Maßnahmen zu treffen, bis davon auszugehen ist, dass von dieser Person kein Risiko mehr ausgeht, das spezifisch für politisch exponierte Personen ist.

(4) Die Behörde kann in ihrer Funktion als Aufsichtsbehörde Bereiche festlegen, die aufgrund des eingeschränkten Tätigkeitsumfangs und des damit verbundenen Risikos ebenfalls als Tätigkeiten mit einem höheren Risiko der Geldwäsche oder Terrorismusfinanzierung anzusehen sind. Dabei sind Leitlinien gemäß Art. 18 Abs. 4 der Geldwäsche-RL zu beachten. Die Behörde hat im Rahmen der Ausübungsrichtlinie gemäß § 34 auf Grundlage folgender Risikoarten mögliche Faktoren für ein potenziell höheres Risiko festzulegen:

1. Faktoren bezüglich des Auftraggeberrisikos,

2. Faktoren bezüglich des Produkt-, Dienstleistungs-, Transaktions- oder Vertriebskanalrisikos und

3. Faktoren bezüglich des geografischen Risikos.

(5) Auf Geschäftsbeziehungen oder Transaktionen gemäß Abs. 1 Z 2 sind folgende verstärkte Sorgfaltsmaßnahmen gegenüber dem Auftraggeber anzuwenden:

1. Einholung zusätzlicher Informationen über den Auftraggeber und die wirtschaftlichen Eigentümer,
2. Einholung zusätzlicher Informationen über die angestrebte Art der Geschäftsbeziehung,
3. Einholung von Informationen über die Herkunft der Gelder und die Herkunft des Vermögens des Auftraggebers und der wirtschaftlichen Eigentümer,
4. Einholung von Informationen über die Gründe für die geplanten oder durchgeführten Transaktionen,
5. Einholung der Zustimmung ihrer Führungsebene zur Schaffung oder Weiterführung der Geschäftsbeziehung und
6. verstärkte kontinuierliche Überwachung der Geschäftsbeziehung durch eine weitere Erhöhung der Häufigkeit und der Intervalle der Kontrollen und durch die zusätzliche Auswahl von Transaktionsmustern, die einer weiteren Prüfung bedürfen.

(6) Die Behörde hat in Bezug auf Geschäftsbeziehungen und Transaktionen gemäß Abs. 1 Z 2 in ihrer Funktion als Aufsichtsbehörde zusätzliche Maßnahmen im Sinne des Art. 18a Abs. 2 der Geldwäsche-RL durch Verordnung festzulegen. Sie hat dabei einschlägige Evaluierungen, Bewertungen oder Berichte internationaler Organisationen oder von Einrichtungen für die Festlegung von Standards mit Kompetenzen im Bereich der Verhinderung von Geldwäsche und der Bekämpfung der Terrorismusfinanzierung hinsichtlich der von einzelnen Drittländern ausgehenden Risiken zu berücksichtigen und die Europäische Kommission vor dem Erlass oder der Anwendung zu unterrichten.

(7) Bei Zweigstellen und bei mehrheitlich im Besitz des Berufsberechtigten befindlichen Tochterunternehmen, die ihren Standort in Drittländern mit hohem Risiko haben, müssen bei Geschäftsbeziehungen und Transaktionen gemäß Abs. 1 Z 2 nicht automatisch verstärkte Sorgfaltspflichten gegenüber Auftraggebern angewandt werden, wenn sich diese Zweigstellen oder Tochterunternehmen uneingeschränkt an die gruppenweit anzuwendenden Strategien und Verfahren gemäß § 52d halten und diese Fälle nach einem risikobasierten Ansatz gehandhabt werden.

Erhöhtes Risiko – Nicht FATF konforme Länder

§ 51. Berufsberechtigte sind verpflichtet, auf Geschäftsbeziehungen und Transaktionen mit Personen aus und in Ländern, welche die international anerkannten Standards zur Prävention von Geldwäsche und Terrorismusfinanzierung nur unzureichend umgesetzt haben oder bei denen ihrem Wesen nach ein erhöhtes Risiko der Geldwäsche oder Terrorismusfinanzierung besteht, insbesondere im Zusammenhang mit Staaten, in denen laut glaubwürdiger Quelle ein erhöhtes Risiko der Geldwäsche und der Terrorismusfinanzierung anzunehmen ist, besonderes Augenmerk zu legen und jedenfalls die verstärkten Sorgfaltspflichten gemäß § 50 anzuwenden. Ist bei solchen Geschäftsbeziehungen oder Transaktionen kein offensichtlicher wirtschaftlicher oder erkennbarer rechtmäßiger Zweck feststellbar, haben die Berufsberechtigten soweit wie möglich den Hintergrund und den Zweck solcher Geschäftsbeziehungen und Transaktionen zu prüfen und die Ergebnisse schriftlich aufzuzeichnen. Für diese Aufzeichnungen gilt § 52c.

Ausführung durch Dritte

§ 52. (1) Hinsichtlich der in § 46 Z 1 bis 3 aufgezählten Sorgfaltspflichten kann für die Erfüllung dieser Pflichten auf Dritte zurückgegriffen werden. Die endgültige Verantwortung für die Erfüllung dieser Pflichten verbleibt jedoch bei jenem Berufsberechtigten, der auf einen oder mehrere Dritte zurückgreift. Der Berufsberechtigte hat die erforderlichen Informationen zur Erfüllung der nach § 46 Z 1 bis 3 normierten Sorgfaltspflichten einzuholen und unter Anwendung angemessener Schritte dafür zu sorgen, dass der Dritte auf Ersuchen umgehend Kopien der maßgeblichen Daten hinsichtlich der Feststellung und Überprüfung der Identität des Auftraggebers oder des wirtschaftlichen Eigentümers einschließlich Informationen, soweit verfügbar, die mittels elektronischer Mittel für die Identitätsfeststellung, einschlägiger Vertrauensdienste gemäß der Verordnung (EU) Nr. 910/2014 über elektronische Identifizierung und Vertrauensdienste für elektronische Transaktionen im Binnenmarkt und zur Aufhebung der Richtlinie 1999/93/EG, ABl. L 257 vom 28.08.2014, S. 73, oder mittels anderer regulierter, anerkannter, gebilligter oder akzeptierter sicherer

Verfahren zur Identifizierung aus der Ferne oder auf elektronischem Weg eingeholt wurden, vorlegt.

(2) Um auf eine Erfüllung der Sorgfaltspflichten durch Dritte zurückgreifen zu können, haben diese folgende Voraussetzungen zu erfüllen:

1. Sie sind Verpflichtete im Sinne des Art. 2 der Geldwäsche-RL und

2. sie unterliegen Sorgfalts- und Aufbewahrungspflichten sowie einer Aufsicht, die der Geldwäsche-RL entsprechen.

(3) Bei Dritten, die ihren Sitz in einem Mitgliedstaat der EU haben, gelten die Voraussetzungen des Abs. 2 Z 2 als erfüllt. Dritte mit Sitz in Ländern mit hohem Risiko erfüllen die Voraussetzungen nicht, es sei denn, es handelt sich dabei um Zweigstellen oder mehrheitlich im Besitz der Berufsberechtigten befindliche Tochterunternehmen, wenn sich diese uneingeschränkt an die gruppenweit anzuwendenden Strategien und Verfahren gemäß § 52d halten.

(4) Den Anforderungen gemäß Abs. 1 und 2 ist bei Anwendung von gruppenweit anzuwendenden Strategien und Verfahren gemäß § 52d entsprochen, wenn

1. der Berufsberechtigte Informationen eines Dritten heranzieht, der derselben Gruppe angehört,

2. die in dieser Gruppe angewandten Sorgfaltspflichten, Aufbewahrungsvorschriften und Programme zur Bekämpfung von Geldwäsche und Terrorismusfinanzierung mit der Geldwäsche-RL oder gleichwertigen Vorschriften in Einklang stehen und

3. die effektive Umsetzung der unter Z 2 genannten Anforderungen auf Gruppenebene von der Behörde oder einer zuständigen Behörde des Drittlandes beaufsichtigt wird.

Meldepflichten

§ 52a. (1) Der Berufsberechtigte hat die Geldwäschemeldestelle von sich aus mittels einer Meldung umgehend zu informieren, wenn er bei Ausübung seiner beruflichen Tätigkeit Kenntnis davon erhält oder den Verdacht hat, dass finanzielle Mittel unabhängig vom betreffenden Betrag aus kriminellen Tätigkeiten stammen oder mit Terrorismusfinanzierung in Verbindung stehen. Der

Berufsberechtigte hat etwaigen Aufforderungen der Geldwäschemeldestelle zur Übermittlung zusätzlicher Auskünfte betreffend die Verhinderung, Aufdeckung und wirksamen Bekämpfung der Geldwäsche und der Terrorismusfinanzierung umgehend Folge zu leisten. Die Verdachtsmeldung und alle zu leistenden Auskünfte sind in einem geläufigen elektronischen Format unter Verwendung der durch die Geldwäschemeldestelle festgelegten, sicheren Kommunikationskanäle zu übermitteln.

(2) Die Geldwäschemeldestelle kann im Rahmen ihrer Aufgaben vom Berufsberechtigten Informationen zur Verhinderung, Aufdeckung und wirksamen Bekämpfung der Geldwäsche und der Terrorismusfinanzierung anfordern, einholen und nutzen, selbst wenn keine vorherige Meldung gemäß Abs. 1 erstattet wurde. Der Berufsberechtigte hat der Geldwäschemeldestelle auf schriftliches Verlangen unmittelbar über die durch die Geldwäschemeldestelle festgelegten, sicheren Kommunikationskanäle alle erforderlichen Auskünfte zur Verfügung zu stellen.

(3) Der Berufsberechtigte muss in Erwägung ziehen, eine Verdachtsmeldung gemäß Abs. 1 an die Geldwäschemeldestelle zu erstatten, wenn er bei einem Auftraggeber seinen Sorgfaltspflichten in Bezug auf die Feststellung und Überprüfung der Identität des Auftraggebers, des wirtschaftlichen Eigentümers oder der Bewertung und angemessenen Informationseinholung über Zweck und angestrebte Art der Geschäftsbeziehung nicht nachkommen kann.

(4) Berufsberechtigte dürfen Transaktionen, von denen sie wissen oder vermuten, dass sie mit finanziellen Mitteln aus kriminellen Tätigkeiten oder Terrorismusfinanzierung in Verbindung stehen, erst dann durchführen, wenn die in Abs. 1 vorgesehenen Maßnahmen abgeschlossen sind. Darüber sind in geeigneter Weise Aufzeichnungen zu erstellen und für die Dauer von fünf Jahren nach Beendigung der Geschäftsbeziehung mit den Auftraggebern oder nach dem Zeitpunkt einer gelegentlichen Transaktion aufzubewahren und vorbehaltlich anderer gesetzlicher Vorschriften dann zu löschen.

(5) Die Abwicklung einer unter Abs. 4 fallenden Transaktion darf unter Beachtung anderer, insbesondere strafrechtlicher Rechtsvorschriften fortgeführt werden, wenn die Geldwäschemeldestelle dies ohne weitere Auflage

gestattet oder die Berufsberechtigten alle besonderen Anweisungen der Geldwäschemeldestelle im Einklang mit dem österreichischen Recht befolgt haben. Die Geldwäschemeldestelle ist nicht berechtigt, Berufsberechtigten Anweisungen zu einem Verhalten zu geben, das einem strafrechtlichen Tatbestand entspricht.

(6) Die Berufsberechtigten sind berechtigt, von der Geldwäschemeldestelle zu verlangen, dass diese entscheidet, ob gegen die unverzügliche Durchführung von Aufträgen oder Transaktionen Bedenken bestehen. Äußert sich die Geldwäschemeldestelle bis zum Ende des folgenden Werktages nicht, so darf der Auftrag unverzüglich durchgeführt werden.

(7) Falls die Unterlassung der Abwicklung des Auftrages oder der Transaktion aber nicht möglich ist oder durch eine solche Unterlassung die Ermittlung des Sachverhalts erschwert oder verhindert würde, so hat der Berufsberechtigte der Geldwäschemeldestelle unmittelbar nach der Abwicklung die nötige Information zu erteilen.

(8) Die Übermittlung aller Informationen nach Abs. 1, 2, 4 und 7 kann durch speziell vom Berufsberechtigten beauftragte Personen erfolgen.

(9) Die Pflichten nach Abs. 1 bis 7 bleiben allerdings bestehen, wenn die Berufsberechtigten wissen, dass der Auftraggeber ihre Rechtsberatung bewusst für den Zweck der Geldwäsche oder Terrorismusfinanzierung in Anspruch nimmt.

(10) Geben Berufsberechtigte, deren Angestellte oder leitendes Personal im guten Glauben Informationen gemäß den Abs. 1, 2, 4 oder 7 weiter oder wird in diesem Zusammenhang ein Auftrag nicht durchgeführt, so gilt dies nicht als Verletzung einer vertraglich oder durch Rechts- oder Verwaltungsvorschriften geregelten Beschränkung der Informationsweitergabe und zieht für den Berufsberechtigten oder sein leitendes Personal oder seine Angestellten keinerlei Haftung nach sich, und zwar auch nicht in Fällen, in denen ihnen die zugrunde liegende kriminelle Tätigkeit oder die in Verbindung stehende Terrorismusfinanzierung nicht genau bekannt war, und unabhängig davon, ob tatsächlich eine rechtswidrige Handlung begangen wurde.

(11) Berufsberechtigte, ihr leitendes Personal, ihre Angestellten oder ihre Vertreter, die innerhalb des

Unternehmens des Berufsberechtigten, innerhalb der Gruppe oder gegenüber der Geldwäschemeldestelle eine Meldung nach Abs. 1, 2, 4 oder 7 erstatten oder einen Verdacht auf Geldwäsche oder Terrorismusfinanzierung melden, dürfen deswegen weder

1. benachteiligt, insbesondere nicht beim Entgelt, beim beruflichen Aufstieg, bei Maßnahmen der Aus- und Weiterbildung, bei der Versetzung oder bei der Beendigung des Arbeitsverhältnisses, oder

2. nach strafrechtlichen Vorschriften verantwortlich gemacht werden,

es sei denn, die Meldung ist vorsätzlich unwahr abgegeben worden. Dem Arbeitgeber oder einem Dritten steht ein Schadenersatzanspruch nur bei einer offenbar unrichtigen Meldung, die der Arbeitnehmer mit Schädigungsvorsatz erstattet hat, zu. Die Berechtigung zur Abgabe von Meldungen darf vertraglich nicht eingeschränkt werden. Entgegenstehende Vereinbarungen sind unwirksam.

(12) Die Geldwäschemeldestelle ist ermächtigt anzuordnen, dass eine laufende oder bevorstehende Transaktion, die der Meldepflicht gemäß § 52a unterliegt, unterbleibt oder vorläufig aufgeschoben wird und dass Aufträge des Auftraggebers über Geldausgänge nur mit Zustimmung der Geldwäschemeldestelle durchgeführt werden dürfen. Die Geldwäschemeldestelle hat die Staatsanwaltschaft ohne unnötigen Aufschub von der Anordnung zu verständigen. Der Auftraggeber ist ebenfalls zu verständigen, wobei die Verständigung des Auftraggebers längstens für fünf Werktage aufgeschoben werden kann, wenn diese ansonsten die Verfolgung der Begünstigten einer verdächtigen Transaktion behindern könnte. Der Berufsberechtigte ist über den Aufschub der Verständigung des Auftraggebers zu informieren. Die Verständigung des Auftraggebers hat den Hinweis zu enthalten, dass er oder ein sonst Betroffener berechtigt sei, Beschwerde wegen Verletzung seiner Rechte an das zuständige Verwaltungsgericht zu erheben.

(13) Die Geldwäschemeldestelle hat die Anordnung nach Abs. 12 aufzuheben, sobald die Voraussetzungen für die Erlassung weggefallen sind oder die Staatsanwaltschaft erklärt, dass die Voraussetzungen für eine Beschlagnahme gemäß § 109 Z 2 und § 115 Abs. 1 Z 3 StPO nicht bestehen. Die Anordnung tritt im Übrigen außer Kraft,

1. wenn seit ihrer Erlassung sechs Monate vergangen sind oder

2. sobald das Gericht über einen Antrag auf Beschlagnahme gemäß § 109 Z 2 und § 115 Abs. 1 Z 3 StPO rechtskräftig entschieden hat.

(14) Die Geldwäschemeldestelle hat den Berufsberechtigten Zugang zu aktuellen Informationen über Methoden der Geldwäsche und der Terrorismusfinanzierung und über Anhaltspunkte zu verschaffen, an denen sich verdächtige Transaktionen erkennen lassen. Soweit dies praktikabel ist, hat sie ebenso dafür zu sorgen, dass eine zeitgerechte Rückmeldung an den Berufsberechtigten in Bezug auf die Wirksamkeit von Verdachtsmeldungen und die daraufhin getroffenen Maßnahmen erfolgt.

Verbot der Informationsweitergabe

§ 52b. (1) Berufsberechtigte sowie deren leitendes Personal und deren Angestellte dürfen weder den betroffenen Auftraggeber noch Dritte davon in Kenntnis setzen, dass eine Übermittlung von Informationen an die Geldwäschemeldestelle gerade erfolgt, erfolgen wird oder erfolgt ist oder dass eine Analyse wegen Geldwäsche oder Terrorismusfinanzierung gerade stattfindet oder stattfinden könnte. In Anwendung des Verbots der Informationsweitergabe besteht für personenbezogene Daten kein Zugangsrecht für betroffene Personen.

(2) Das Verbot nach Abs. 1 bezieht sich nicht auf die Weitergabe von Informationen an die Geldwäschemeldestelle und die Aufsichtsbehörde gemäß § 52f Abs. 1 oder auf die Weitergabe von Informationen zu Strafverfolgungszwecken.

(3) Das Verbot nach Abs. 1 steht einer Informationsweitergabe zwischen den Berufsberechtigten oder Einrichtungen aus Drittländern, in denen der Geldwäsche-RL gleichwertige Anforderungen gelten, nicht entgegen, sofern sie ihre berufliche Tätigkeit, ob als Angestellte oder nicht, in derselben juristischen Person oder in einer umfassenderen Struktur ausüben, der die Person angehört und die gemeinsame Eigentümer oder eine gemeinsame Leitung hat oder über eine gemeinsame Kontrolle in Bezug auf die Einhaltung der einschlägigen Vorschriften verfügt.

(4) Bei den Berufsberechtigten steht das Verbot nach Abs. 1 in Fällen, die sich auf denselben Auftraggeber oder dieselbe Transaktion beziehen und an denen zwei oder mehr Verpflichtete im Sinne der Geldwäsche-RL beteiligt sind, einer Informationsweitergabe zwischen den betreffenden Verpflichteten nicht entgegen, sofern es sich bei diesen um Verpflichtete aus einem Mitgliedstaat oder um Einrichtungen in einem Drittland, in dem der Geldwäsche-RL gleichwertige Anforderungen gelten, handelt und sofern sie derselben Berufskategorie im Sinne des Art. 2 Abs. 1 Z 3 der Geldwäsche-RL angehören und Verpflichtungen in Bezug auf das Berufsgeheimnis und den Schutz personenbezogener Daten unterliegen.

(5) Bemühen sich ein Berufsberechtigter, dessen leitendes Personal oder dessen Angestellte, einen Auftraggeber davon abzuhalten, eine rechtswidrige Handlung zu begehen, gilt dies nicht als Informationsweitergabe im Sinne des Abs. 1.

(6) Berufsberechtigte haben, wenn sie Kenntnis davon erhalten, den Verdacht oder berechtigten Grund zu der Annahme haben, dass ein meldepflichtiger Sachverhalt gemäß § 52a vorliegt und sie vernünftigerweise davon ausgehen können, dass die Anwendung der Sorgfaltspflichten gegenüber Kunden die Verfolgung der Begünstigten einer verdächtigen Transaktion behindern könnte, die Anwendung der Sorgfaltspflichten gegenüber Kunden auszusetzen und haben stattdessen die Geldwäschemeldestelle umgehend mittels Verdachtsmeldung zu informieren.

Dokumentations- und Aufbewahrungspflichten

§ 52c. (1) Berufsberechtigte haben zumindest fünf Jahre nach dem letzten Geschäftsfall bzw. nach der Durchführung einer Transaktion aufzubewahren:

1. Unterlagen, die der Erfüllung von Sorgfaltspflichten gegenüber Auftraggebern dienen,
2. Belege und Aufzeichnungen von Transaktionen,
3. Unterlagen, die im Zusammenhang mit abgegebenen Verdachtsmeldungen erstellt wurden und
4. Unterlagen im Zusammenhang mit der Risikoeinstufung des Auftraggebers.

(2) Die Berufsberechtigten haben alle personenbezogenen Daten, die sie ausschließlich für die Zwecke dieses

Bundesgesetzes verarbeitet haben, nach Ablauf der Aufbewahrungsfristen nach Abs. 1 zu löschen, es sei denn, Vorschriften anderer Bundesgesetze erfordern oder berechtigen zu einer längeren Aufbewahrungsfrist. Keine Löschung der Daten darf bis zur rechtskräftigen Beendigung eines anhängigen Ermittlungs-, Haupt- oder Rechtsmittelverfahrens wegen § 165, § 278a, § 278b, § 278c, § 278d oder § 278e StGB erfolgen, wenn der Berufsberechtigte davon nachweislich Kenntnis erlangt hat.

Innerorganisatorische Maßnahmen

§ 52d. (1) Berufsberechtigte müssen zur Verhinderung von Geldwäsche und Terrorismusfinanzierung geeignete Maßnahmen treffen, die in einem angemessenen Verhältnis zu Art und Umfang ihrer Geschäftstätigkeit stehen. Sie haben auf risikobasierter Basis insbesondere

1. angemessene und geeignete Strategien und Verfahren einzuführen für:
   a) Die Einhaltung der Sorgfaltspflichten gegenüber Auftraggebern, wobei auch dies Maßnahmen beinhaltet, in Bezug auf neue Produkte, Praktiken und Technologien, zum Ausgleich der damit im Zusammenhang stehenden Risiken,
   b) Verdachtsmeldungen,
   c) die Aufbewahrung von Aufzeichnungen,
   d) die Risikobewertung und das Risikomanagement in Bezug auf Geschäftsbeziehungen und Transaktionen und
   e) geeignete Kontroll- und Informationssysteme in ihren Kanzleien sowie

2. das in ihrer Kanzlei befasste Personal
   a) bereits bei Einstellung einer Überprüfung im Hinblick auf Geldwäsche und Terrorismusfinanzierung zu unterziehen,
   b) mit den Bestimmungen, die der Verhinderung und der Bekämpfung der Geldwäsche und der Terrorismusfinanzierung dienen, nachweislich vertraut zu machen und
   c) in besonderen Fortbildungsprogrammen zu schulen.

(2) Berufsberechtigte haben einen besonderen Beauftragten zur Sicherstellung der Einhaltung der

Bestimmungen dieses Bundesgesetzes zu bestellen, wenn dies nach Art und Umfang der Geschäftstätigkeit erforderlich ist. Die Position des besonderen Beauftragten ist so einzurichten, dass dieser lediglich dem Leitungsorgan gegenüber verantwortlich ist und dem Leitungsorgan direkt – ohne Zwischenebenen – zu berichten hat. Weiters ist ihm freier Zugang zu sämtlichen Informationen, Daten, Aufzeichnungen und Systemen, die in irgendeinem möglichen Zusammenhang mit Geldwäsche und Terrorismusfinanzierung stehen könnten, sowie ausreichende Befugnisse zur Durchsetzung der Einhaltung der Bestimmungen dieses Bundesgesetzes einzuräumen. Berufsberechtigte haben durch entsprechende organisatorische Vorkehrungen sicherzustellen, dass die Aufgaben des besonderen Beauftragten jederzeit vor Ort erfüllt werden können. Berufsberechtigte haben sicherzustellen, dass der besondere Beauftragte jederzeit über ausreichende Berufsqualifikationen, Kenntnisse und Erfahrungen verfügt (fachliche Qualifikation) und zuverlässig und integer ist (persönliche Zuverlässigkeit).

(3) Berufsberechtigte haben, soweit angebracht, ein Mitglied des Leitungsorgans zu bestimmen, das für die Einhaltung der Bestimmungen, die der Verhinderung oder der Bekämpfung der Geldwäsche oder der Terrorismusfinanzierung dienen, zuständig ist.

(4) Nähere Details zu den oben angeführten Pflichten kann die Behörde durch Verordnung festlegen.

(5) Berufsberechtigte, die Teil einer Gruppe sind, haben gruppenweit anzuwendende Strategien und Verfahren einzurichten, darunter Datenschutzstrategien sowie Strategien und Verfahren für den Informationsaustausch innerhalb der Gruppe für die Zwecke der Bekämpfung von Geldwäsche und Terrorismusfinanzierung. Diese Strategien und Verfahren müssen auf Ebene der Zweigstellen und der mehrheitlich im Besitz des oder der Berufsberechtigten befindlichen Tochterunternehmen in EU-Mitgliedstaaten und Drittländern wirksam umgesetzt werden.

(6) Berufsberechtigte mit Niederlassungen in einem anderen EU-Mitgliedstaat haben sicherzustellen, dass diese Niederlassungen den zur Umsetzung der Geldwäsche-RL verabschiedeten nationalen Rechtsvorschriften des anderen EU-Mitgliedstaats Folge leisten.

(7) Berufsberechtigte haben sicherzustellen, dass ihre Zweigstellen oder mehrheitlich in ihrem Besitz befindliche Tochterunternehmen in Drittländern, in denen die Mindestanforderungen an die Bekämpfung von Geldwäsche und Terrorismusfinanzierung weniger streng sind als die Anforderungen nach dem österreichischen Recht, die Anforderungen des österreichischen Rechts, einschließlich in Bezug auf den Datenschutz, anwenden, soweit das Recht des Drittlandes dies zulässt. Zudem haben sie sicherzustellen, dass von Zweigstellen oder mehrheitlich in ihrem Besitz befindlichen Tochterunternehmen in diesem Drittland zusätzliche Maßnahmen angewendet werden, um dem Risiko der Geldwäsche oder Terrorismusfinanzierung wirksam zu begegnen und die Behörde darüber zu unterrichten. Reichen die zusätzlichen Maßnahmen nicht aus, hat die Behörde zusätzliche Aufsichtsmaßnahmen zu treffen. Diese Aufsichtsmaßnahmen sind, dass die Gruppe in dem Drittland keine Geschäftsbeziehungen eingeht oder diese beendet und keine Transaktionen in dem Drittland vornimmt, und nötigenfalls, dass die Gruppe ihre Geschäfte dort einstellt.

(8) Die Weitergabe von Informationen innerhalb einer Gruppe ist zulässig.

Hinweisgebersystem

§ 52e. (1) Bei der Behörde hat ein internetbasiertes Hinweisgebersystem zu bestehen, über welches Hinweise auf Verstöße gegen die in §§ 44 bis 52d genannten Pflichten auch anonym gemeldet werden können.

(2) Die Behörde hat durch Verordnung festzulegen,

1. wie Hinweise über das Hinweisgebersystem abgegeben werden können,
2. welches Verfahren an die Abgabe eines solchen Hinweises anschließt,
3. welcher Schutz vor rechtlichen und faktischen Sanktionierungen, Benachteiligungen und Diskriminierungen Hinweisgebern zukommt,
4. welche Rechte dem durch einen Hinweis Beschuldigten zukommen,
5. wie den notwendigen Erfordernissen des Datenschutzes in Bezug auf Hinweisgeber und Beschuldigte Rechnung zu tragen ist und

6. in welchem Ausmaß aus verfahrensrechtlichen Gründen Ausnahmen von der Hinweisgebern ansonsten soweit wie möglich zu gewährenden Vertraulichkeit gegenüber ihren Arbeitgebern bestehen.

(3) Die Behörde hat durch Verordnung festzulegen, in welchem Ausmaß Berufsberechtigte unternehmensinterne Hinweisgebersysteme einzurichten haben, über die ihre Angestellten oder Personen in einer vergleichbaren Position Verstöße gegen die in §§ 44 bis 52a genannten Pflichten anonym melden können.

(4) Die Abgabe von Hinweisen über ein Hinweisgebersystem nach Abs. 1 oder 3 gilt nicht als Verletzung einer vertraglich oder durch Rechts- oder Verwaltungsvorschriften geregelten Beschränkung der Informationsweitergabe und zieht für den Hinweisgeber keinerlei Haftung nach sich, und zwar auch nicht in Fällen, in denen ihm der zugrunde liegende Verstoß gegen die in den §§ 44 bis 52d genannten Pflichten nicht genau bekannt war, und unabhängig davon, ob tatsächlich eine rechtswidrige Handlung begangen wurde.

Aufsicht

§ 52f (1) Die Aufsicht über die Einhaltung der Bestimmungen dieses Abschnittes obliegt der Wirtschaftskammer Österreich. Die Wirtschaftskammer Österreich ist zuständige Behörde im Sinne des Art. 48 der Geldwäsche-RL. Die Aufsicht umfasst die risikobasierte Prüfung der Vorkehrungen, die ein Berufsberechtigter zur Einhaltung der Bestimmungen dieses Abschnittes in seinem Betrieb getroffen hat, einschließlich einer Nachschau beim Berufsberechtigten.

(2) Der Aufsicht nach den Bestimmungen dieses Abschnittes unterliegen alle Berufsberechtigten, die ihren Beruf selbständig im eigenen Namen und auf eigene Rechnung ausüben. Berufsberechtigte, deren Befugnis gemäß § 41 ruht, unterliegen nicht der Aufsicht.

(3) Die der Aufsicht unterliegenden Berufsberechtigten haben der Behörde auf Verlangen alle Auskünfte zu erteilen und Unterlagen vorzulegen, die in Hinblick auf die Vorkehrungen zur Erfüllung der Sorgfaltspflichten von Bedeutung sind. Die Behörde kann, auch anlassunabhängig,

prüfen, ob entsprechende Vorkehrungen zur Einhaltung der Sorgfaltspflichten nach den Bestimmungen dieses Abschnittes vorgesehen sind und eingehalten werden. Die mit der Prüfung befassten Personen sind berechtigt, die Geschäftsräume der Berufsberechtigten zu betreten. Innerhalb der üblichen Geschäftszeiten ist diesen für Zwecke einer Nachschau Zutritt zu gewähren.

(4) Die Behörde hat die Geldwäschemeldestelle umgehend zu unterrichten, wenn sie im Rahmen von Prüfungen von Berufsberechtigten gemäß § 52g oder bei anderen Gelegenheiten Tatsachen aufdecken, die mit Geldwäsche oder Terrorismusfinanzierung zusammenhängen könnten.

(5) Die Behörde hat jährlich einen Bericht zu veröffentlichen mit Informationen über Maßnahmen zur Überprüfung der Einhaltung der Sorgfaltspflichten gegenüber Auftraggebern, Verdachtsmeldungen, Aufbewahrungs- und Aufzeichnungsverpflichtungen und interne Kontrollen bei den Berufsberechtigten, verhängte Maßnahmen-Sanktionen gemäß § 52j, die Anzahl der erhaltenen Berichte über Verstöße im Wege des Hinweisgebersystems gemäß § 52e Abs. 1 sowie die Anzahl und Beschreibung der Maßnahmen gemäß § 52g.

Prüfungen

§ 52g. (1) Die Behörde kann Prüfungen der Vorkehrungen zur Einhaltung der Bestimmungen dieses Abschnittes bei Berufsberechtigten vornehmen:

1. Anlassunabhängig nach einem risikobasierten Ansatz oder
2. anlassbezogen, insbesondere bei Eintritt wichtiger Ereignisse oder Entwicklungen in der Geschäftsleitung und Geschäftstätigkeit der Berufsberechtigten.

(2) Eine Prüfung der Vorkehrungen kann erfolgen durch:

1. Eine Bewertung anhand von durch den Betrieb des Berufsberechtigten zur Verfügung gestellten Unterlagen und
2. eine Nachschau im Betrieb des Berufsberechtigten einschließlich einer stichprobenmäßigen Nachschau in Auftragsunterlagen.

(3) Eine Nachschau im Betrieb eines Berufsberechtigten hat durch Experten gemäß § 52h zu erfolgen. Bei der Auswahl

des für eine Nachschau zuständigen Experten sind die beruflichen Befangenheitsbestimmungen zu beachten. Wechselseitige Nachschauen sind unzulässig. Eine Nachschau ist dem Berufsberechtigten zumindest eine Woche im Vorhinein schriftlich anzukündigen. Nach erfolgter Nachschau hat der Experte einen Bericht zu erstellen und diesen mit einer abschließenden Beurteilung zu versehen. Der Bericht ist der Behörde zu übermitteln.

(4) Die Kosten einer Prüfung gemäß Abs. 1 Z 2, insbesondere die Entlohnung des Experten gemäß § 52h Abs. 4, sind vom geprüften Berufsberechtigten zu tragen. Die Kosten einer Prüfung gemäß Abs. 1 Z 1 können dem geprüften Berufsberechtigten ganz oder teilweise übertragen werden. Nähere Bestimmungen dazu hat die Geschäftsordnung zu treffen.

(5) Unterliegt ein gemäß § 52f Abs. 2 der Aufsicht unterliegender Berufsangehöriger aufgrund anderer Berufsberechtigungen Präventionspflichten zur Verhinderung der Geldwäsche und der Terrorismusfinanzierung, die den Anforderungen der Geldwäsche-RL entsprechen und deren Einhaltung einer dieser Richtlinie entsprechenden Aufsicht einer anderen Behörde unterliegt, sind Ergebnisse von aufsichtsrechtlichen Prüfungen dieser Behörden bei der Durchführung von Prüfungen gemäß Abs. 1 Z 1 zu berücksichtigen. Unter Berücksichtigung von § 52i Abs. 1 kann von der Fortsetzung einer Prüfung nach Abs. 1 Z 1 abgesehen werden, sofern diese unter Zugrundelegung des jeweiligen Risikos nicht erforderlich ist.

Experten

§ 52h. (1) Die Behörde hat eine Liste von Experten zu erstellen. Die Liste hat eine ausreichende Zahl an Experten zu enthalten, um die für die Aufsicht erforderlichen Nachschauen angemessen durchführen zu können.

(2) Voraussetzung für die Bestellung als Experte ist der Nachweis einer einschlägigen Schulung in angemessenem Umfang auf dem Gebiet der Verhinderung der Geldwäsche und der Terrorismusfinanzierung längstens ein Jahr vor der erfolgten Bestellung.

(3) Voraussetzung für die Bestellung einer Gesellschaft zum Experten ist die aufrechte Bestellung zumindest eines

Vorstandsmitgliedes oder eines Geschäftsführers oder eines persönlich haftenden Gesellschafters als Experte.

(4) Experten haben einen Anspruch auf Entlohnung. Diese hat sich insbesondere an den berufsüblichen Grundsätzen, der Größe des zu überprüfenden Betriebes und der dafür aufzuwendenden Zeit zu orientieren.

Risikobasierter Ansatz der Aufsicht

§ 52i. (1) Prüfungen gemäß § 52g haben nach einem risikobasierten Ansatz zu erfolgen. Die Häufigkeit und Intensität der Prüfungen hat sich am jeweiligen Risikoprofil der Berufsberechtigten sowie an bestehenden Risiken von Geldwäsche und Terrorismusfinanzierung in Österreich zu orientieren. Dabei sind den Berufsberechtigten zustehende Ermessensspielräume und die auf diesen basierenden Risikobewertungen zu berücksichtigen.

(2) Der Bundesminister für Wissenschaft, Forschung und Wirtschaft sowie die Geldwäschemeldestelle sind verpflichtet, der Behörde die erforderlichen Informationen zu bestehenden Risiken von Geldwäsche und Terrorismusfinanzierung in Österreich zur Verfügung zu stellen und ein klares Verständnis über die vorhandenen Risiken zu vermitteln. Die Behörde hat, wenn sie Informationen von der Geldwäschemeldestelle im Wege der Amtshilfe oder des Informationsaustausches erhält, der Geldwäschemeldestelle eine Rückmeldung über die Verwendung dieser Informationen und die Ergebnisse der auf Grundlage der bereitgestellten Informationen durchgeführten Ermittlungen oder Prüfungen zu geben.

(3) Die der Aufsicht nach diesem Abschnitt unterliegenden Berufsberechtigten sind verpflichtet, der Behörde auf Aufforderung die Bewertung ihres Risikos im Zusammenhang mit Geldwäsche und Terrorismusfinanzierung gemäß § 44 zu übermitteln. Eine neuerliche Bewertung hat in regelmäßigen Abständen und bei Eintritt wichtiger Ereignisse zu erfolgen. Als wichtige Ereignisse gelten insbesondere Änderungen in der Zusammensetzung der Geschäftsführung und Vertretung nach außen von Gesellschaften oder in der Geschäftätigkeit des Berufsberechtigten.

(4) Zur Durchführung der risikobasierten Aufsicht hat die Behörde durch Verordnung Parameter festzulegen. Die der Aufsicht unterliegenden Berufsberechtigten sind verpflichtet, der Behörde die in diesem Zusammenhang erforderlichen

Informationen zur Verfügung zu stellen. Bei der Durchführung der Aufsicht auf Basis des risikobasierten Ansatzes sind von Europäischen Aufsichtsbehörden gemäß Art. 48 Abs. 10 der Geldwäsche-RL veröffentlichten Leitlinien zur risikobasierten Aufsicht zu beachten.

Maßnahmen

§ 52j. (1) **(Verfassungsbestimmung)** Ein Berufsberechtigter, der vorsätzlich gegen die in diesem Abschnitt festgelegten Pflichten verstößt, begeht eine Verwaltungsübertretung und ist von der Behörde mit einer Geldstrafe von 400 Euro bis zu 20 000 Euro zu bestrafen.

(2) **(Verfassungsbestimmung)** Ein Berufsberechtigter, der schwerwiegend, wiederholt oder systematisch gegen die in §§ 45 bis 52a sowie §§ 52c und 52d festgelegten Pflichten vorsätzlich verstößt, kann, von der Behörde mit den folgenden Maßnahmen belegt werden:

1. eine Aufforderung an den Berufsberechtigten, die als pflichtwidrig festgestellte Verhaltensweise einzustellen und von einer Wiederholung abzusehen,
2. eine öffentliche Bekanntgabe des Berufsberechtigten und der Art des Verstoßes auf der Website der Behörde,
3. eine Geldstrafe in zweifacher Höhe des infolge des Verstoßes erzielten Gewinnes, sofern sich dieser beziffern lässt, andernfalls in Höhe von zumindest 400 Euro und bis zu 1 000 000 Euro,
4. ein vorübergehendes Verbot, die Geschäftsführung und Vertretung nach außen, einschließlich die Prokura, einer Bilanzbuchhaltungsgesellschaft auszuüben oder
5. die Suspendierung der Berufsberechtigung gemäß § 53 Abs. 1 Z 7.

(3) Grundlage für die Bemessung der Verwaltungsstrafe nach Abs. 1 und der Maßnahme nach Abs. 2 ist die Schuld des Berufsberechtigten. Bei der Bemessung hat die Behörde auch auf die Auswirkungen der Verwaltungsstrafe oder Maßnahme und anderer zu erwartender Folgen der Tat auf das künftige Leben des Berufsberechtigten Bedacht zu nehmen. Ebenso ist darauf Bedacht zu nehmen, welchen Strafmaßes es bedarf, um derartigen Verstößen durch andere Berufsberechtigte entgegenzuwirken. Die Behörde hat bei der Festsetzung von

Art und Höhe der Verwaltungsstrafen oder Maßnahmen alle maßgeblichen Umstände zu berücksichtigen, insbesondere:

1. die Schwere und die Dauer des Verstoßes,
2. den Verschuldensgrad der verantwortlich gemachten Person,
3. die Finanzkraft der verantwortlich gemachten Person, wie sie sich beispielsweise aus deren Gesamtumsatz oder Jahreseinkünften ableiten lässt,
4. die von der verantwortlichen Person durch den Verstoß erzielten Gewinne, sofern sie sich beziffern lassen,
5. die Verluste, die Dritten durch den Verstoß entstanden sind, sofern sie sich beziffern lassen,
6. die Bereitwilligkeit der verantwortlichen Person mit der Behörde zusammenzuarbeiten,
7. frühere Verstöße der verantwortlichen Person.

(4) In dem in Abs. 2 genannten Fall können nach Maßgabe der Bemessung im Sinne des Abs. 3 die Maßnahmen nach Abs. 2 Z 1, 2 und 3 auch kombiniert werden. Die Maßnahmen nach Abs. 2 Z 4 oder 5 dürfen nur verhängt werden, wenn eine Maßnahme nach Abs. 2 Z 1, 2 und 3 oder eine Kombination aus den Maßnahmen nach Abs. 2 Z 1, 2 und 3 nicht ausreicht, um den Berufsberechtigten von einem weiteren Verstoß gegen die in diesem Abschnitt festgelegten Pflichten abzuhalten.

(5) Über die nach dieser Bestimmung verhängten Verwaltungsstrafen oder Maßnahmen hat die Behörde einen Bescheid zu erlassen. Die für die Verhängung von Disziplinar- und Verwaltungsstrafen anzuwendenden Verfahrensbestimmungen bleiben unberührt.

(6) Die Behörde hat alle nach dieser Bestimmung rechtskräftig verhängten Maßnahmen auf ihrer Website zu veröffentlichen. Die betroffene Person ist darüber vorab zu informieren. Eine Veröffentlichung der Identität oder personenbezogener Daten darf nicht unverhältnismäßig sein. Insbesondere bei Maßnahmen, die als geringfügig angesehen werden, ist bei der Bekanntmachung der Entscheidungen die Verhältnismäßigkeit zu wahren. Im Zweifel hat eine Veröffentlichung von Maßnahmen in anonymisierter Form zu erfolgen. Veröffentlichungen sind auf der Website der Behörde zumindest fünf Jahre öffentlich zugänglich zu halten.

(7) Die Behörde darf ausländischen Ersuchen um Amts- oder Rechtshilfe in Zusammenhang mit der Wahrnehmung

von Sanktionen oder Maßnahmen entsprechen, wenn gewährleistet ist, dass auch der ersuchende Staat einem gleichartigen österreichischen Ersuchen entsprechen würde. Sie darf ausländische Behörden um Amts- und Rechtshilfe ersuchen, soweit einem gleichartigen Ersuchen eines anderen Staates ebenfalls entsprochen werden könnte.

(8) Hat der Berufsberechtigte für den Verstoß, für den er im Inland bestraft wird, schon im Ausland eine Strafe verbüßt, so ist sie auf die im Inland verhängte Strafe anzurechnen.

Strafbarkeit juristischer Personen

§ 52k. (1) **(Verfassungsbestimmung)** Die Behörde hat Geldstrafen gegen juristische Personen zu verhängen, wenn ein Verstoß gemäß § 52j Abs. 1 oder 2 zu ihren Gunsten von einer Person begangen wurde, die allein oder als Teil eines Organs der juristischen Person gehandelt hat und die aufgrund einer der folgenden Befugnisse eine Führungsposition innerhalb der juristischen Person innehat:

1. Befugnis zur Vertretung der juristischen Person,
2. Befugnis, Entscheidungen im Namen der juristischen Person zu treffen oder
3. Kontrollbefugnis innerhalb der juristischen Person.

(2) Juristische Personen können wegen Pflichtverletzungen gemäß § 52j Abs. 1 oder 2 auch dann verantwortlich gemacht werden, wenn mangelnde Überwachung oder Kontrolle durch eine in Abs. 1 genannte Person die Begehung einer in § 52j Abs. 1 oder 2 genannten Pflichtverletzungen zugunsten der juristischen Person durch eine für sie tätige Person ermöglicht hat.

(3) **(Verfassungsbestimmung)** Bei einem Verstoß der in Abs. 1 genannten Person gegen § 52j Abs. 1 kann gegen die juristische Person eine Geldstrafe von 400 Euro bis zu 20 000 Euro verhängt werden. Bei einem Verstoß der in Abs. 1 genannten Person gegen § 52j Abs. 2 kann eine Geldstrafe bis zur zweifachen Höhe des infolge des Verstoßes erzielten Gewinnes, sofern sich dieser beziffern lässt, andernfalls in Höhe von zumindest 400 Euro und höchstens bis zu 1 000 000 Euro festgesetzt werden. Zur Bemessung der Geldstrafe ist die Bestimmung des § 52j Abs. 3 sinngemäß heranzuziehen.

(4) Über die nach dieser Bestimmung verhängten Verwaltungsstrafen oder Maßnahmen hat die Behörde einen Bescheid zu erlassen. Die für die Verhängung von Disziplinar- und Verwaltungsstrafen anzuwendenden Verfahrensbestimmungen bleiben unberührt.

(5) Die Behörde kann von der Verhängung einer Geldstrafe gegen eine juristische Person absehen, wenn es sich um keinen schwerwiegenden, wiederholten oder systematischen Verstoß handelt und keine besonderen Umstände vorliegen, die einem Absehen von der Bestrafung entgegenstehen.

5. Hauptstück
Suspendierung – Endigung – Verwertung

1. Abschnitt
Suspendierung

Voraussetzungen

§ 53. (1) Die Behörde hat die Ausübung eines Bilanzbuchhaltungsberufes vorläufig zu untersagen bei

1. Verlust der vollen Handlungsfähigkeit oder
2. Vorliegen einer rechtswirksamen Anklageschrift gemäß den §§ 210 bis 215 der Strafprozessordnung 1975, BGBl. Nr. 631, wegen des Verdachtes
   a) einer mit Vorsatz begangenen strafbaren Handlung, die mit mehr als dreimonatiger Freiheitsstrafe bedroht ist, oder
   b) einer mit Bereicherungsvorsatz begangenen gerichtlich strafbaren Handlung oder
   c) eines gerichtlich strafbaren Finanzvergehens oder
3. Verhängung der Untersuchungshaft wegen des Verdachtes einer der in Z 2 lit. a bis c aufgezählten Handlungen oder
4. rechtskräftiger Eröffnung eines Insolvenzverfahrens oder
5. bei Nichteröffnung oder Aufhebung eines Insolvenzverfahrens mangels kostendeckenden Vermögens oder

6. fehlender Vermögensschaden-Haftpflichtversicherung oder

7. wiederholten schwerwiegenden Verstößen gegen die Bestimmungen zur Verhinderung der Geldwäsche und der Terrorismusfinanzierung.

(2) Von einer Suspendierung ist in den Fällen des Abs. 1 Z 2 abzusehen, wenn die ordnungsgemäße Berufsausübung nicht gefährdet ist.

(3) Über die Suspendierung ist ein schriftlicher Bescheid zu erlassen. Der Bescheid über die Suspendierung ist dem Berufsberechtigten zu eigenen Handen zuzustellen. Im Fall des Abs. 1 Z 1 und bei Gesellschaften ist der Bescheid dem gesetzlichen Vertreter zuzustellen. Einer Beschwerde gegen einen Bescheid, mit dem die Ausübung eines Bilanzbuchhaltungsberufes vorläufig untersagt wurde, kommt keine aufschiebende Wirkung zu.

Aufhebung der Suspendierung

§ 54. Die Behörde hat die Suspendierung auf Antrag aufzuheben, wenn der Grund für eine Untersagung nicht mehr gegeben ist.

2. Abschnitt
Erlöschen der Berechtigung

Allgemeines

§ 55. Die Berechtigung zur selbständigen Ausübung eines Bilanzbuchhaltungsberufes erlischt durch

1. Verzicht oder
2. Widerruf der öffentlichen Bestellung oder
3. Widerruf der Anerkennung oder
4. Tod oder
5. Auflösung der Gesellschaft.

Verzicht

§ 56. (1) Berufsberechtigte sind berechtigt, auf ihre Berechtigung zur selbständigen Ausübung ihres Bilanzbuchhaltungsberufes zu verzichten.

(2) Der Verzicht auf die Berechtigung zur selbständigen Ausübung eines Bilanzbuchhaltungsberufes ist der Behörde schriftlich zu erklären.

(3) Der Verzicht wird mit dem Datum wirksam, welches der Berufsberechtigte bestimmt hat, frühestens jedoch mit jenem Tag, an dem die Verzichtserklärung der Behörde zugekommen ist.

Widerruf der öffentlichen Bestellung

§ 57. (1) Die Behörde hat eine durch öffentliche Bestellung erteilte Berechtigung zur selbständigen Ausübung eines Bilanzbuchhaltungsberufes zu widerrufen, wenn eine der allgemeinen Voraussetzungen für die öffentliche Bestellung nicht mehr gegeben ist.

(2) Über den Widerruf der Bestellung ist ein schriftlicher Bescheid zu erlassen.

(3) Vom Widerruf der öffentlichen Bestellung ist in den Fällen des § 8 Z 1 lit. d abzusehen, wenn eine ordnungsgemäße Berufsausübung nicht gefährdet ist und die Folgen des Vergehens unbedeutend sind.

Widerruf der Anerkennung

§ 58. (1) Die Behörde hat eine durch Anerkennung erteilte Berechtigung zur Ausübung eines Bilanzbuchhaltungsberufes zu widerrufen, wenn eine der Anerkennungsvoraussetzungen nicht mehr gegeben ist.

(2) Vor Widerruf einer Anerkennung hat die Behörde die Gesellschaft aufzufordern, einen den Widerruf begründenden Umstand innerhalb einer Frist von sechs Monaten, in den Fällen des § 28 Abs. 2 unverzüglich, zu beseitigen.

(3) Über den Widerruf ist ein schriftlicher Bescheid zu erlassen.

Streichung – Veröffentlichung

§ 59. Auf Grund des Erlöschens der Berechtigung hat die Streichung aus dem Register der Behörde zu erfolgen.

3. Abschnitt

Verwertung

Fortführungsrecht

§ 60. Zur Fortführung der Kanzlei eines verstorbenen Berufsberechtigten gelten die Bestimmungen der §§ 41 bis 45 der Gewerbeordnung 1994, BGBl. Nr. 194, mit der Maßgabe, dass anstelle der Bezirksverwaltungsbehörde die Behörde tritt.

6. Hauptstück

Verwaltungsübertretungen

Strafbestimmungen

§ 61. (1) Eine mit einer Geldstrafe bis zu 20 000 Euro zu bestrafende Verwaltungsübertretung begeht, wer

1. eine der in §§ 2 bis 4 angeführten Tätigkeiten selbständig ausübt oder anbietet, ohne die dafür erforderliche Berechtigung zu besitzen, oder

2. der Verpflichtung zur Verschwiegenheit gemäß § 39, ohne davon entbunden zu sein, zuwiderhandelt oder

(Anm.: Z 3 wurde nicht vergeben)

(Anm.: Z 4 aufgehoben durch Z 17, BGBl. I Nr. 135/2017)

5. der Verpflichtung zur Führung der Berufsbezeichnung gemäß § 71 Abs. 3 zuwiderhandelt oder

6. den Informationspflichten gemäß § 71 Abs. 4 nicht oder nicht vollständig nachkommt.

(2) Wer es entgegen der Bestimmung des § 49 unterlässt, die Behörde umgehend zu informieren oder die erforderlichen Auskünfte zu erteilen oder Unterlagen herauszugeben, begeht eine mit einer Geldstrafe bis zu 30 000 Euro zu bestrafende Verwaltungsübertretung.

(3) Wer die Verpflichtung zum Nachweis der Fortbildungspflicht gemäß § 33 Abs. 3 wiederholt verletzt, begeht eine mit einer Geldstrafe bis zu 5 000 Euro zu bestrafende Verwaltungsübertretung.

(4) In Angelegenheiten des Abs. 1 bis 3 sind die Bezirksverwaltungsbehörden Strafbehörden.

2. Teil

Berufsvergehen – Disziplinarrecht

Anwendung der Gewerbeordnung 1994 und des Wirtschaftstreuhandberufsgesetzes

§ 62. Berufsberechtigte unterliegen zusätzlich zu den Bestimmungen der Verordnung gemäß § 34 den Ausübungs- und Standesregeln gemäß § 69 der Gewerbeordnung 1994, BGBl. Nr. 194. Beruft sich ein Bilanzbuchhalter im beruflichen Verkehr gegenüber den Abgabenbehörden des Bundes fälschlich auf eine ihm erteilte Bevollmächtigung, sind die disziplinarrechtlichen Bestimmungen des 2. Teiles des Wirtschaftstreuhandberufsgesetzes, BGBl. I Nr. 158/1999, sinngemäß anzuwenden. Zuständig dafür ist die Behörde.

3. Teil

Vollzug

Behörden – Verfahren – Register

§ 63. (1) Die in diesem Gesetz geregelten Aufgaben sind, sofern nicht anderes bestimmt ist, im übertragenen Wirkungsbereich von der Wirtschaftskammer Österreich wahrzunehmen. Bei ihrer Wahrnehmung ist der Präsident der Wirtschaftskammer Österreich Behörde im Sinne dieses Gesetzes und an die Weisungen des Bundesministers für Wissenschaft, Forschung und Wirtschaft gebunden. Der Präsident kann einen oder mehrere Mitarbeiter dazu ermächtigen, behördliche Erledigungen für ihn zu fertigen.

(2) Die durch dieses Gesetz den Meisterprüfungsstellen zur Besorgung zugewiesenen Aufgaben sind solche des übertragenen Wirkungsbereiches der Wirtschaftskammern in den Ländern. Die Wirtschaftskammern und Meisterprüfungsstellen sind bei der Besorgung dieser Aufgaben an die Weisungen des Bundesministers für Wissenschaft, Forschung und Wirtschaft gebunden.

(3) Die Behörde hat bei der Wahrnehmung ihrer Aufgaben das Allgemeine Verwaltungsverfahrensgesetz 1991, BGBl. Nr. 51, anzuwenden.

(4) Die Behörde hat ein Register zu führen, in das natürliche Personen und andere Rechtsträger als natürliche Personen einzutragen sind. In dieses Register sind jene Daten zu erfassen, die nach § 365a und § 365b der

Gewerbeordnung 1994, BGBl. Nr. 194, in die Gewerberegister einzutragen sind, soweit diese Daten zur Erfüllung der nach diesem Bundesgesetz übertragenen Aufgaben erforderlich sind. Ebenso sind sämtliche Vorgänge im Zusammenhang mit einer öffentlichen Bestellung, Ruhendmeldung, Wiederaufnahme, Suspendierung oder deren Aufhebung, Eröffnung und Schließung einer Zweigstelle, sowie jedes Erlöschen der Berufsberufsbefugnis oder sonst nach diesem Bundesgesetz geregelten Aufgabe einzutragen.

(5) Die Behörde hat jede öffentliche Bestellung, Ruhendmeldung, Wiederaufnahme, Suspendierung oder deren Aufhebung, Eröffnung und Schließung einer Zweigstelle, sowie jedes Erlöschen der Berufsbefugnis *(Anm. 1)* den Wirtschaftskammern sowie der Sozialversicherung der gewerblichen Wirtschaft einschließlich der mit dieser Mitteilung verbundenen Daten aus dem Register unaufgefordert und umgehend zu übermitteln, soweit dies zur Wahrnehmung der diesen Körperschaften gesetzlichen übertragenen Aufgaben eine wesentliche Voraussetzung bildet. Die Wirtschaftskammern sowie die Sozialversicherung der gewerblichen Wirtschaft sind befugt, diese Daten automationsunterstützt abzufragen.

(6) Die Behörde hat zur Durchführung der Aufsicht gemäß § 52f einen Ausschuss einzurichten. Der Ausschuss hat aus einem Vorsitzenden, einem Stellvertreter sowie drei Mitgliedern und Ersatzmitgliedern zu bestehen. Der Ausschuss ist beschlussfähig, wenn der Vorsitzende oder sein Stellvertreter und mindestens zwei Mitglieder anwesend sind. Voraussetzungen für die Bestellung der Mitglieder dieses Ausschusses sind eine zumindest fünfjährige Tätigkeit in einem Bilanzbuchhaltungsberuf sowie der Nachweis einer einschlägigen Schulung in angemessenem Umfang auf dem Gebiet der Verhinderung der Geldwäsche und der Terrorismusfinanzierung. Nähere Bestimmungen hat eine Geschäftsordnung zu treffen.

(7) Die Kundmachung einer von der Behörde beschlossenen Verordnung ist nur mit Zustimmung des Bundesministers für Wissenschaft, Forschung und Wirtschaft zulässig. Verordnungen der Behörde sind im Internet auf der Website der Behörde kundzumachen. Die dort kundgemachten Inhalte müssen jederzeit ohne Identitätsnachweis und gebührenfrei zugänglich sein und in ihrer kundgemachten Form vollständig und auf Dauer ermittelt werden können. Die

jeweiligen Änderungen sind im Internet auf der Website der Behörde mit dem jeweiligen Kundmachungsdatum ersichtlich zu machen.

(_____

Anm. 1: Z 30 der Novelle BGBl. I Nr. 66/2020 lautet: „§ 63 Abs. 5 2. Satz wird das Wort „Berufsberufsbefugnis“ durch das Wort „Berufsbefugnis“ ersetzt.“. Das zu ersetzende Wort befindet sich im 1. Satz.)

Verschwiegenheitspflicht

§ 64. (1) Die Behörde ist verpflichtet, über persönliche Verhältnisse, Einrichtungen und Geschäfts- und Betriebsverhältnisse, die ihr in Wahrnehmung ihrer Aufgaben in der Behörde zur Kenntnis gelangen, Verschwiegenheit zu bewahren. Jede Verwertung von Geschäfts- und Betriebsgeheimnissen ist ihr untersagt.

(2) Von der Verschwiegenheitspflicht kann auf Verlangen eines Gerichtes oder einer Behörde der Bundesminister für Wissenschaft, Forschung und Wirtschaft entbinden. Gegenüber dem Bundesminister für Wissenschaft, Forschung und Wirtschaft bestehen keine Verschwiegenheitspflichten.

Kostentragung

§ 65. (1) Sämtliche Kosten der Behörde hat die Wirtschaftskammer Österreich zu tragen.

(2) Die Wirtschaftskammer Österreich kann zur Bedeckung der Kosten für die Vollziehung der durch dieses Bundesgesetz übertragenen Aufgaben vom Einschreiter einen Kostenersatz einheben. Die Höhe des Kostenersatzes ist nach dem tatsächlichen Aufwand zu bemessen und durch die Behörde durch Verordnung festzulegen. Diese Verordnung ist durch die Behörde im Internet kundzumachen. Die im Internet kundgemachten Inhalte müssen jederzeit ohne Identitätsnachweis und gebührenfrei zugänglich sein und in ihrer kundgemachten Form vollständig und auf Dauer ermittelt werden können.

Mitgliedschaft

§ 66. Buchhalter, Buchhaltungsgesellschaften, Personalverrechner und Personalverrechnungsgesellschaften und Bilanzbuchhalter und Bilanzbuchhaltergesellschaften sind Mitglieder der Wirtschaftskammern und der von diesen zur Vertretung ihrer fachlichen Interessen eingerichteten Fachorganisationen.

4.Teil

Schlussbestimmungen

In-Kraft-Treten

§ 67. Dieses Bundesgesetz tritt mit 1. Jänner 2014 in Kraft.

§ 67a. § 46 Abs. 1 Z 1 lit. c in der Fassung des Bundesgesetzes BGBl. I Nr. 50/2016 tritt mit 1. Juli 2016 in Kraft.

§ 67b. § 45 Z 2 in der Fassung des Bundesgesetzes BGBl. I Nr. 107/2017 tritt mit 3. Jänner 2018 in Kraft.

§ 67c. § 52a Abs. 14 und § 52e Abs. 4 treten mit Ablauf des 24. Mai 2018 außer Kraft.

§ 67d. § 43 Abs. 2 Z 18 in der Fassung des Bundesgesetzes BGBl. I Nr. 46/2019 tritt mit 1. Juli 2019 in Kraft.

§ 67e. § 2 Abs. 2 Z 7a tritt mit 20. Mai 2020 in Kraft.

§ 67f. § 75 in der Fassung des Bundesgesetzes BGBl. I Nr. 141/2020 tritt mit 1. Jänner 2021 in Kraft.

§ 67g. § 2 Abs. 1 Z 6 und § 3 Abs. 2 Z 3 in der Fassung des Bundesgesetzes BGBl. I Nr. 240/2021 treten mit 6. Jänner 2022 in Kraft.

§ 67h. § 75 in der Fassung des Bundesgesetzes BGBl. I Nr. 240/2021 tritt mit 1. Jänner 2022 in Kraft.

§ 67i. § 75 Abs. 1 in der Fassung des Bundesgesetzes BGBl. I Nr. 113/2022 tritt mit 1. Juli 2022 in Kraft.

§ 67j. § 43 in der Fassung des Bundesgesetzes BGBl I Nr. 150/2024 tritt mit Ablauf des Tages der Kundmachung im Bundesgesetzblatt in Kraft.

Außer-Kraft-Treten

§ 68. (1) Das Bilanzbuchhaltungsgesetz, BGBl. I Nr. 161/2006, zuletzt geändert durch das Bundesgesetz BGBl. I Nr. 32/2012, tritt mit 31. Dezember 2013 außer Kraft.

(2) § 75 in der Fassung des Bundesgesetzes BGBl. I Nr. 32/2020 tritt mit 31. Dezember 2020 außer Kraft.

(3) § 2 Abs. 2 Z 7a in der Fassung des Bundesgesetzes 97/2020 *(Anm.: BGBl. I Nr. 97/2020)* tritt mit 31. August 2021 außer Kraft.

(4) § 75 in der Fassung des Bundesgesetzes BGBl. I Nr. 141/2020 tritt mit 31. Dezember 2021 außer Kraft.

(5) § 75 Abs. 1 in der Fassung des Bundesgesetzes BGBl. I Nr. 240/2021 tritt mit 30. Juni 2022 außer Kraft.

(6) § 75 Abs. 1 in der Fassung des Bundesgesetzes BGBl. I Nr. 113/2022 tritt mit 31. Dezember 2022 außer Kraft.

Übergangsbestimmungen

§ 69. (1) Bis 31.12.2013 anhängige Anträge auf öffentliche Bestellung bzw. Anerkennung einer Gesellschaft, sind von der Behörde nach den Vorschriften des Bilanzbuchhaltungsgesetz, BGBl. I Nr. 161/2006, zuletzt geändert durch das Bundesgesetz BGBl. I Nr. 32/2012, abzuschließen.

(2) Im Prüfungsverfahren für Steuerberater stehende Bilanzbuchhalter sind berechtigt, diese unter den vor dem 31. Dezember 2012 geltenden rechtlichen Bestimmungen des Wirtschaftstreuhandberufsgesetzes fortzuführen.

(3) Bereits bestandene Teilprüfungen nach dem Bilanzbuchhaltungsgesetz, BGBl. I Nr. 161/2006, zuletzt geändert durch das Bundesgesetz BGBl. I Nr. 32/2012, sind auf die Prüfungsteile der Fachprüfungen anzurechnen. Im Zweifel entscheidet die Behörde, welche Gegenstände anzurechnen sind.

(Anm.: Abs. 4 aufgehoben durch Z 20, BGBl. I Nr. 135/2017)

(5) Bei am 31.12.2013 bestehenden Vertragsbeziehungen der Paritätischen Kommission tritt anstelle der Paritätischen Kommission die Behörde.

Verweisungen

§ 70. Soweit in diesem Bundesgesetz auf Bestimmungen anderer Bundesgesetze verwiesen wird, sind diese in ihrer jeweils geltenden Fassung anzuwenden.

Dienstleistungen

§ 71. (1) Staatsangehörige eines Mitgliedstaates der EU oder eines Vertragsstaates des Abkommens über den Europäischen Wirtschaftsraum oder der Schweiz sind berechtigt, vorübergehend und gelegentlich Dienstleistungen, die den Berechtigungsumfängen der Bilanzbuchhaltungsberufe gemäß den §§ 2 bis 4 zuzuordnen sind, nach Maßgabe des Abs. 2 zu erbringen.

(2) Voraussetzungen für die Erbringung vorübergehender und gelegentlicher Dienstleistungen gemäß Abs. 1 sind:

1. die Staatsangehörigkeit eines Mitgliedstaates der EU oder eines Vertragsstaates des Abkommens über den Europäischen Wirtschaftsraum oder der Schweiz,

2. eine Niederlassung in einem anderen Mitgliedstaat der EU oder in einem Vertragsstaat des Europäischen Wirtschaftsraumes oder in der Schweiz,

3. die aufrechte Berechtigung im Niederlassungsstaat Tätigkeiten auszuüben, die den Berechtigungsumfängen der Bilanzbuchhaltungsberufe gemäß den §§ 2 bis 4 zuzuordnen sind, und sofern der Beruf im Niederlassungsstaat nicht reglementiert ist, eine mindestens einjährige Berufsausübung während der vorangehenden zehn Jahre im Niederlassungsstaat, und

4. bei Ausübung von Tätigkeiten, die ausschließlich dem Bilanzbuchhalter, Buchhalter oder Personalverrechner vorbehalten sind, eine Vermögensschaden-Haftpflichtversicherung im Sinne des § 10 in Verbindung mit § 36 Abs. 1 zweiter Satz.

(3) Die Dienstleistungen gemäß Abs. 1 sind unter der Berufsbezeichnung des Niederlassungsstaates des Dienstleisters zu erbringen. Die Berufsbezeichnung ist in der Amtssprache des Niederlassungsstaates so zu führen, dass keine Verwechslungen mit den in diesem Bundesgesetz angeführten Berufsbezeichnungen möglich sind.

(4) Der Dienstleister ist verpflichtet, den Dienstleistungsempfänger spätestens bei Vertragsabschluss nachweislich zu informieren über:

1. das Register, in dem er eingetragen ist, sowie die Nummer der Eintragung oder gleichwertige, der Identifikation dienende Angaben aus diesem Register,

2. Namen und Anschrift der zuständigen Aufsichtsbehörde,

3. die Berufskammern oder vergleichbare Organisationen, denen der Dienstleister angehört,

4. die Berufsbezeichnung oder seinen Berufsqualifikationsnachweis,

5. die Umsatzsteueridentifikationsnummer nach Artikel 22 Absatz 1 der Richtlinie 77/388/EWG zur Harmonisierung der Rechtsvorschriften der Mitgliedstaaten über die Umsatzsteuern, ABl. Nr. L 145 vom 13.06.1977 S. 1, zuletzt geändert durch die Richtlinie 2004/66/EG, ABl. Nr. L 168 vom 01.05.2004 S. 35, und

6. Einzelheiten zu seinem Versicherungsschutz in Bezug auf die Vermögensschaden-Haftpflichtversicherung.

Niederlassung

§ 72. (1) Staatsangehörige eines Mitgliedstaates der EU oder eines Vertragsstaates des Abkommens über den Europäischen Wirtschaftsraum oder der Schweiz sind nach Maßgabe des Abs. 2 berechtigt, sich auf dem Gebiet der Republik Österreich zur Ausübung eines Bilanzbuchhaltungsberufes niederzulassen.

(2) Voraussetzungen für die Niederlassung gemäß Abs. 1 sind:

1. die Staatsangehörigkeit eines Mitgliedstaates der EU oder eines Vertragsstaates des Abkommens über den Europäischen Wirtschaftsraum oder der Schweiz,

2. die aufrechte Berechtigung in ihrem Herkunftsmitgliedsstaat einen Bilanzbuchhaltungsberuf auszuüben,

3. das Vorliegen der allgemeinen Voraussetzungen gemäß § 7 Abs. 1,

4. das Vorliegen einer gleichwertigen Berufsqualifikation und

5. die öffentliche Bestellung durch die Behörde.

(3) Dem Antrag auf öffentliche Bestellung sind anzuschließen:

1. ein Identitätsnachweis,
2. der Nachweis der Staatsangehörigkeit,
3. der Berufsqualifikationsnachweis, der zur Aufnahme eines Bilanzbuchhaltungsberufes berechtigt und
4. Bescheinigungen der zuständigen Behörden des Herkunftsmitgliedstaates über das Vorliegen der besonderen Vertrauenswürdigkeit, der geordneten wirtschaftlichen Verhältnisse und das Nichtvorliegen schwerwiegender standeswidriger Verhalten. Diese Bescheinigungen dürfen bei ihrer Vorlage nicht älter als drei Monate sein.

(4) Die öffentliche Bestellung hat zu erfolgen, wenn die allgemeinen Voraussetzungen für die öffentliche Bestellung vorliegen und die geltend gemachte Berufsqualifikation dem des angestrebten Bilanzbuchhaltungsberufes gleichwertig ist. Die fachliche Befähigung ist nachzuweisen durch die Vorlage eines Nachweises im Sinne des Art. 11 lit. c der Richtlinie 2005/36/EG über die Anerkennung von Berufsqualifikationen, ABl. Nr. L 255 vom 30.09.2005 S. 22, zuletzt geändert durch die Richtlinie 2006/100/EG zur Anpassung bestimmter Richtlinien im Bereich Freizügigkeit anlässlich des Beitritts Bulgariens und Rumäniens, ABl. Nr. L 363 vom 20.12.2006, S. 141 (Richtlinie 2005/36/EG). Diesen Ausbildungsnachweisen ist jeder Ausbildungsnachweis und jede Gesamtheit von Berufsqualifikationsnachweisen, die von einer zuständigen Behörde in einem Mitgliedstaat ausgestellt wurden gleichgestellt, sofern sie eine in der Gemeinschaft erworbene Ausbildung abschließen und von diesem Mitgliedstaat als gleichwertig anerkannt werden und in Bezug auf die Aufnahme oder Ausübung eines Bilanzbuchhaltungsberufes dieselben Rechte verleihen oder auf die Ausübung dieser Berufe vorbereiten.

(5) Die mangelnde Gleichwertigkeit der geltend gemachten Berufsqualifikation ist durch die Absolvierung eines höchstens einjährigen Anpassungslehrganges oder einer Eignungsprüfung auszugleichen. Unter einem Anpassungslehrgang ist ein Lehrgang im Sinne des Art. 3 Abs. 1 lit. g der Richtlinie 2005/36/EG zu verstehen. Unter

einer Eignungsprüfung sind Prüfungen im Sinne des Art. 3 Abs. 1 lit. h der Richtlinie 2005/36/EG zu verstehen.

(6) Die Inhalte und die Dauer des Anpassungslehrganges sind durch die Behörde entsprechend den Erfordernissen im Einzelfall zu bestimmen. Der Anpassungslehrgang hat bei einem Berufsberechtigten mit einer der vom Niederlassungswerber angestrebten Berufsberechtigung zu erfolgen. Nach Ablauf der festgelegten Dauer des Anpassungslehrganges unterliegen die in diesem Zusammenhang erbrachten Leistungen des Niederlassungswerbers der Bewertung durch den Berufsberechtigten.

(7) Die Eignungsprüfung für Bilanzbuchhalter umfasst folgende Sachgebiete im Sinne des Art. 3 Abs. 1 lit. h der Richtlinie 2005/36/EG:

1. die schriftliche Ausarbeitung einer Klausurarbeit gemäß § 15 Abs. 4 in Verbindung mit § 15 Abs. 5 und
2. die mündliche Beantwortung von Prüfungsfragen aus den Gegenständen gemäß § 16 Z 1, 3, 4 und 8.

(8) Die Eignungsprüfung für Buchhalter umfasst die mündliche Beantwortung von Prüfungsfragen aus den Gegenständen gemäß § 19 Z 1, 3 und 4 (Sachgebiete im Sinne des Art. 3 Abs. 1 lit. h der Richtlinie 2005/36/EG).

(9) Die Eignungsprüfung für Personalverrechner umfasst folgende Sachgebiete im Sinne des Art. 3 Abs. 1 lit. h der Richtlinie 2005/36/EG:

1. die schriftliche Ausarbeitung einer Klausurarbeit gemäß § 21 Abs. 2 in Verbindung mit § 21 Abs. 3 und
2. die mündliche Beantwortung von Prüfungsfragen aus den Gegenständen gemäß § 22 Z 1, 2 und 4.

(10) Für das Prüfungsverfahren betreffend die Ablegung von Eignungsprüfungen gilt die Bestimmung des § 23.

(11) Die Behörde hat dem Niederlassungswerber binnen eines Monats den Empfang der Unterlagen mitzuteilen und ihm gegebenenfalls einen Verbesserungsauftrag zu erteilen. Die Behörde ist verpflichtet, über den Antrag ohne unnötigen Aufschub, spätestens aber drei Monate nach Einreichung der vollständigen Unterlagen des Niederlassungswerbers zu entscheiden.

(12) Für Familienangehörige von Staatsangehörigen eines Mitgliedstaates der EU oder eines Vertragsstaates des

Abkommens über den Europäischen Wirtschaftsraum oder der Schweiz, die das Recht auf Aufenthalt oder das Recht auf Daueraufenthalt in einem Mitgliedstaat genießen, gelten die Abs. 1 bis 11 und die Abs. 14 und 15 ungeachtet ihrer Staatsangehörigkeit.

(13) Im Sinne des Abs. 12 bezeichnet der Ausdruck „Familienangehöriger"

1. den Ehegatten,

2. den Lebenspartner, mit dem der Unionsbürger auf der Grundlage der Rechtsvorschriften eines Mitgliedstaats eine eingetragene Partnerschaft eingegangen ist, sofern nach den Rechtsvorschriften des Aufnahmemitgliedstaats die eingetragene Partnerschaft der Ehe gleichgestellt ist und die in den einschlägigen Rechtsvorschriften des Aufnahmemitgliedstaats vorgesehenen Bedingungen erfüllt sind,

3. die Verwandten in gerader absteigender Linie des Unionsbürgers und des Ehegatten oder des Lebenspartners gemäß Z 2, die das 21. Lebensjahr noch nicht vollendet haben oder denen von diesen Unterhalt gewährt wird und

4. die Verwandten in gerader aufsteigender Linie des Unionsbürgers und des Ehegatten oder des Lebenspartners gemäß Z 2, denen von diesem Unterhalt gewährt wird.

(14) Die Behörde hat auf entsprechenden Antrag im Einzelfall Personen, die in einem anderen EWR-Vertragsstaat oder der Schweizerischen Eidgenossenschaft einen Qualifikationsnachweis für eine berufliche Tätigkeit im Rahmen der Bilanzbuchhaltungsberufe erworben haben und in diesem Staat ohne Einschränkung zur Ausübung der beruflichen Tätigkeit qualifiziert sind unter Berücksichtigung, ob diese berufliche Tätigkeit im anderen EWR-Vertragsstaat oder der Schweizerischen Eidgenossenschaft eigenständig ausgeübt werden kann, einen partiellen Zugang zur entsprechenden berufliche Tätigkeit im Rahmen der Bilanzbuchhaltungsberufe zu gewähren, wenn

1. die Unterschiede zwischen der rechtmäßig ausgeübten Berufstätigkeit im Herkunftsmitgliedstaat und dem reglementierten Beruf nach diesem Bundesgesetz so groß sind, dass die Anwendung von Ausgleichsmaßnahmen der Anforderung an den

Antragsteller gleichkäme, das vollständige Ausbildungsprogramm in Österreich zu durchlaufen, um Zugang zum gesamten reglementierten Beruf nach diesem Bundesgesetz in Österreich zu erlangen,

2. die von der erworbenen Qualifikation umfassten Tätigkeiten sich objektiv von anderen unter den reglementierten Beruf nach diesem Bundesgesetz fallenden Tätigkeiten trennen lassen und

3. dem partiellen Zugang keine zwingenden Gründe des Allgemeininteresses entgegenstehen.

(15) Personen, denen gemäß Abs. 11 ein partieller Zugang gewährt wurde, haben

1. ihren Beruf unter der Berufsbezeichnung ihres Herkunftsmitgliedstaats sowie erforderlichenfalls zusätzlich unter der im Anerkennungsbescheid festgelegten deutschsprachigen Bezeichnung auszuüben und

2. die Empfänger der Dienstleistung eindeutig über den Umfang ihrer beruflichen Tätigkeit zu informieren.

Europäische Verwaltungszusammenarbeit

§ 73. (1) Die Behörde hat mit den zuständigen Behörden der anderen Mitgliedstaaten der EU oder eines Vertragsstaates des EWR oder der Schweizerischen Eidgenossenschaft zur Anwendung folgender Richtlinien eng zusammenzuarbeiten und diesen Behörden Amtshilfe zu leisten:

1. der Richtlinie 2005/36/EG über die Anerkennung von Berufsqualifikationen (im Folgenden: Berufsqualifikationsanerkennungs-RL), ABl. Nr. L 255 vom 30.09.2005 S. 22, zuletzt geändert durch den Delegierten Beschluss (EU) 2016/790, ABl. Nr. L 134 vom 24.05.2016 S. 135 und

2. der Richtlinie 2006/123/EG über Dienstleistungen im Binnenmarkt, ABl. Nr. L 376 vom 27.12.2006 S. 36.

(2) Die Verpflichtungen nach Abs. 1 umfassen insbesondere den Austausch folgender Informationen betreffend diesem Gesetz unterliegende Personen:

1. Informationen über disziplinarische oder strafrechtliche Sanktionen oder sonstige schwerwiegende genau bestimmte Sachverhalte, die

sich auf die ausgeübten Tätigkeiten auswirken könnten, sowie

2. betreffend die Erbringung einer Dienstleistung

a) alle Informationen über die Rechtmäßigkeit der Niederlassung und die gute Führung des Dienstleisters,

b) alle Informationen, die im Falle von Beschwerden eines Dienstleistungsempfängers gegen einen Dienstleister für ein ordnungsgemäßes Beschwerdeverfahren erforderlich sind, wobei der Dienstleistungsempfänger über das Beschwerdeergebnis zu unterrichten ist und

c) Informationen darüber, dass keine berufsbezogenen disziplinarischen oder strafrechtlichen Sanktionen vorliegen.

(3) Die Behörde hat im Rahmen der Europäischen Verwaltungszusammenarbeit das Internal Market Information System (IMI) entsprechend der Verordnung (EU) Nr. 1024/2012 über die Verwaltungszusammenarbeit mit Hilfe des Binnenmarkt-Informationssystems und zur Aufhebung der Entscheidung 200/49/EG der Kommission („IMI-Verordnung"), ABl. Nr. L 316 vom 14.11.2012 S. 1, zuletzt geändert durch die Verordnung (EU) 2016/1628, ABl. Nr. L 252 vom 16.09.2016 S. 53, zu verwenden.

(4) Die Behörde hat die zuständigen Behörden der anderen Mitgliedstaaten der EU und Vertragsstaaten des EWR nach den Bestimmungen des Art. 56a der Berufsqualifikationsanerkennungs-RL im Wege des IMI binnen drei Tagen nach Rechtskraft einer entsprechenden gerichtlichen Feststellung über die Identität des Niederlassungswerbers zu informieren, sofern dieser im Rahmen eines Verfahrens gemäß § 7 gefälschte Berufsqualifikationsnachweise angeschlossen hat. Die Behörde hat den Niederlassungswerber zeitgleich mit der Vorwarnung schriftlich über die Vorwarnung zu informieren. Der Niederlassungswerber kann eine Überprüfung der Rechtmäßigkeit der Vorwarnung in einem bescheidmäßig zu erledigenden Verfahren bei der Behörde beantragen. Die Behörde hat die Vorwarnung im Wege des IMI unverzüglich richtig zu stellen oder zurückzuziehen, wenn im Rahmen der Überprüfung die Rechtswidrigkeit der Vorwarnung festgestellt wird.

Vollziehung

§ 74. (1) Mit der Vollziehung dieses Bundesgesetzes ist der Bundesminister für Wissenschaft, Forschung und Wirtschaft betraut.

(2) Mit der Vollziehung des § 49 Abs. 5, 3. und 4. Satz ist der Bundesminister für Inneres betraut.

(3) (**Verfassungsbestimmung**) Mit der Vollziehung des § 52j Abs. 1 und § 52k Abs. 1 und 3 ist die Bundesregierung betraut.

Sonderregelungen – COVID-19

§ 75. *(Anm.: Abs. 1 mit 31.12.2022 außer Kraft getreten)*

(2) Die zur selbständigen Ausübung des Bilanzbuchhaltungsberufs Bilanzbuchhalter Berechtigten sind zur Beratung, Vertretung und zur Ausstellung von Bestätigungen und Feststellungen betreffend Maßnahmen im Zusammenhang mit der Bewältigung der COVID-19-Krisensituation und betreffend Förderungen nach dem Unternehmens-Energiekostenzuschussgesetz (UEZG), BGBl. I. Nr. 117/2022, und der aufgrund des § 5 UEZG erlassenen Förderrichtlinien berechtigt. Weiters sind sie zur Beratung und Vertretung in Angelegenheiten der Rückerstattung gemäß COFAG-Neuordnungs- und Abwicklungsgesetz, BGBl. I Nr. 86/2024, berechtigt.

(3) Im Rahmen der Tätigkeiten gemäß Abs. 2 ist die Haftung des Berufsberechtigten auf Fälle von Vorsatz und grober Fahrlässigkeit, im Falle grober Fahrlässigkeit mit der zehnfachen Mindestversicherungssumme gemäß § 10, höchstens jedoch mit der Höhe des erlangten oder erhaltenen Vorteils oder abgewehrten Nachteils begrenzt, soweit nicht aufgrund ausdrücklicher gesetzlich zwingender Bestimmungen andere Haftungsbeschränkungen anzuwenden sind oder eine Haftungsbegrenzung ausdrücklich ausgeschlossen ist.

Artikel 1
Umsetzungshinweis

(Anm.: aus BGBl. I Nr. 107/2017, zu § 45, BGBl. I Nr. 191/2013)

Mit diesem Bundesgesetz werden folgende Rechtsakte der Europäischen Union umgesetzt:

1. die Richtlinie 2014/65/EU über Märkte für Finanzinstrumente sowie zur Änderung der Richtlinien 2002/92/EG und 2011/61/EU, ABl. Nr. L 173 vom 12.06.2014 S. 349, zuletzt geändert durch die Richtlinie (EU) 2016/1034, ABl. Nr. L 175 vom 23.06.2016 S. 8, in der Fassung der Berichtigung, ABl. Nr. L 64 vom 10.03.2017 S. 116 und

2. die delegierte Richtlinie (EU) 2017/593 zur Ergänzung der Richtlinie 2014/65/EU im Hinblick auf den Schutz der Finanzinstrumente und Gelder von Kunden, Produktüberwachungspflichten und Vorschriften für die Entrichtung beziehungsweise Gewährung oder Entgegennahme von Gebühren, Provisionen oder anderen monetären oder nicht-monetären Vorteilen, ABl. Nr. L 87 S. 500.

Weiters dient dieses Bundesgesetz dem wirksamen Vollzug folgender Rechtsakte der Europäischen Union:

1. der Verordnung (EU) Nr. 600/2014 über Märkte für Finanzinstrumente und zur Änderung der Verordnung (EU) Nr. 648/2012, ABl. Nr. L 173 vom 12.06.2014 S. 84, zuletzt geändert durch die Verordnung (EU) 2016/1033, ABl. Nr. L 175 vom 23.06.2016 S. 1,

2. der delegierten Verordnung (EU) 2017/565 zur Ergänzung der Richtlinie 2014/65/EU in Bezug auf die organisatorischen Anforderungen an Wertpapierfirmen und die Bedingungen für die Ausübung ihrer Tätigkeit sowie in Bezug auf die Definition bestimmter Begriffe für die Zwecke der genannten Richtlinie, ABl. Nr. L 87 S. 1, und

3. der delegierten Verordnung (EU) 2017/567 zur Ergänzung der Verordnung (EU) Nr. 600/2014 im Hinblick auf Begriffsbestimmungen, Transparenz, Portfoliokomprimierung und Aufsichtsmaßnahmen zur

Produktintervention und zu den Positionen, ABl. Nr. L 87 S. 90.

Artikel 25
Notifikationshinweis

(Anm.: aus BGBl. I Nr. 50/2016, zu § 46, BGBl. I Nr. 191/2013)

Dieses Gesetz wurde unter Einhaltung der Bestimmungen der Richtlinie (EU) 2015/1535 über ein Informationsverfahren auf dem Gebiet der technischen Vorschriften und der Vorschriften für die Dienste der Informationsgesellschaft (kodifizierter Text), ABl. Nr. L 241 vom 17.09.2015 S. 1, notifiziert (Notifikationsnummer: 2016/142/A).

Zum Herausgeber:

Ass.-Prof. Dr. Marlon Possard, MSc, MA

Marlon Possard ist Assistant Professor (PostDoc/Habilitand) für die Bereiche Recht, Philosophie und Verwaltung. Er lehrt und forscht am Department für Verwaltung, Wirtschaft, Sicherheit und Politik und am Research Center Administrative Sciences (RCAS) der Hochschule für Angewandte Wissenschaften Campus Wien (HCW). Ebenso lehrt und forscht er am Institut für digitale Transformation und künstliche Intelligenz der Sigmund-Freund-Privatuniversität Wien und Berlin (SFU), wo er das Department für Ethik der Künstlichen Intelligenz leitet. Darüber hinaus ist er Gastforscher an der Harvard University (USA) und Autor zahlreicher Publikationen (120+). | *https://possard.at*

Notizen: